中国博士后科学基金资助（项目编号：2013M541893）

日本近代以来城市化进程中的年中行事传承与变迁
——以东京地区为中心

毕雪飞 著

中国社会科学出版社

图书在版编目（CIP）数据

日本近代以来城市化进程中的年中行事传承与变迁：以东京地区为中心 / 毕雪飞著. —北京：中国社会科学出版社，2017.6
ISBN 978 - 7 - 5161 - 9641 - 0

Ⅰ.①日… Ⅱ.①毕… Ⅲ.①风俗习惯—研究—日本 Ⅳ.①K893.13

中国版本图书馆CIP数据核字（2016）第320912号

出 版 人	赵剑英
责任编辑	吴丽平
责任校对	张依婧
责任印制	李寡寡
出　　版	中国社会科学出版社
社　　址	北京鼓楼西大街甲158号
邮　　编	100720
网　　址	http://www.csspw.cn
发 行 部	010 - 84083685
门 市 部	010 - 84029450
经　　销	新华书店及其他书店
印刷装订	北京鑫正大印刷有限公司
版　　次	2017年6月第1版
印　　次	2017年6月第1次印刷
开　　本	710×1000 1/16
印　　张	12
插　　页	2
字　　数	220千字
定　　价	56.00元

凡购买中国社会科学出版社图书，如有质量问题请与本社营销中心联系调换
电话：010 - 84083683
版权所有　侵权必究

城市化进程视野中的区域研究

刘晓峰

当1457年太田道灌领命建城于江户的时候,他一定没有想到在他所选定的这片平原上,会出现一个全日本最大的都市;他没有想到这里会变身为人口300万、在全世界排名第二的巨大国际都市。今天的东京,是日本国的首都,是全球最重要的金融、经济和科技中心之一,也是日本文化、经济、教育、商业、时尚与交通等领域的枢纽。东京拥有全球最复杂、最密集且运输流量最高的铁道运输系统和通勤车站群,拥有众多财富居于世界500强的公司总部,拥有巨大的国际影响力。然而很多人都可能忽略了这样一个事实——从1868年改称东京起,作为明治维新后日本首都所在地,这座城市的发展与日本国家的历史相同步,先后经历了明治、大正、昭和前后期直到平成几个时代。从前近代典型的以农业为根基的集权统治中心,到拥有最先进的现代城市文明,再到现在国际大都市,东京经历了一个不断蜕化和演进的城市化过程。

区域研究,特别是都市研究,近年来一直是力图摆脱传统学科划分、努力对社会进行综合性研究的学者们最热衷关注的领域。然而面对一座巨大的城市,如何找到自己的视角、展开自己的分析?毕雪飞长期从事日本传统节日问题研究,所以她很自然会选择日本年中行事作为核心关注点。饶有意味的是,她的问题意识来自中国的田野。2011年我受中国民俗学会的委托,曾组织一次范围覆盖整个嘉兴市的田野调查。在那次田野调查中,她负责调查嘉兴平湖区。这次调查让她对于城市化进程中传统节日文化面临的尴尬处境有了直接的感受,并驱动她思考日本的城市化进程与传统节日的关系问题。

　　这本著作就是她这几年思考和学习的结果。尽管有清醒的问题意识，有最适宜分析的研究对象，但东京的城市化进程依旧很难把握。因为要理解东京的城市化进程，必须勾勒清楚几条重要的线索。首先，东京的城市化进程与日本民族近代化以及国家发展进程相同步。从最初建立近代民族国家的基本框架，到日本帝国疯狂的扩张，到战后日本民主政体以经济为中心的实现高速增长，再到经济相对停滞而文化开始唱主角的平成时代，东京都的年中行事体系的变化与日本历史这一系列大起大落密切相关。其次，从西风东渐的19世纪起，东京都的发展一直是与欧风美雨相伴随，一直面对着欧美强势文化的压迫，与此同时这又是一个拥有深厚东亚文化传统积淀的国家，1872年日本明治政府断然放弃了传统历法而采用西历后传统节日的废除与逐步恢复，以及期间发生的种种曲折，所有这一切都是在这两种文化潮流的交汇与冲击中完成的，都反映出日本人在对自己的文化传统不断进行自我再认识。第三，城市空间变化的历程。从幕府时代的江户到明治政府的东京，再到拥有3000万居民的国际化大都市，东京这座城市的空间一直处于不断的变迁之中。今天我们的城市化讨论中经常提及的城乡边际的变迁带来的诸多文化问题，在东京的城市化进程的很多层面都曾有发生。而当传统节日的变迁与这样众多的要素相关联、相互动，展现在我们面前的就已经是一片极其纷繁的变相，令人感到手足无措。

　　然而通读这本著作我看到了作者举重若轻的才华。《日本近代以来城市化进程中的年中行事传承与变迁——以东京地区为中心》，全书分五章。第一章介绍日本年中行事、城镇化概观与东京概况，从第二章起作者把城市化分为早期、发展初期、高速发展期、再城市化时期四个阶段，按照时代发展的次序对日本东京的年中行事传承与变迁进行认真的学术追踪。作者抓住城市化过程中大众生活方式变化这一主线，并能抓住明治改历、战时体制中日本意识形态的变化、激烈的城市化加速过程、日本的新生活运动以及文化遗产保护、平成时期的再城市化等时代关键的转折点，紧紧结合社会生活背景讨论年中行事的传承变迁。上述举凡西洋文明的冲击、近代民族国家体制的确立、东西文化的交汇、日本文化自我意识的自觉、城市空间的扩展与城乡文化的变迁在这部著作中都得到很好的梳理。而因为日本在东亚先行一步的社会发展，通过这部著作的阅读，我们可以深入了解这一过程的展开、期间的成功与失败，对于我们今天思考和认识城市化问题，这实在是一个绝好的参照。

从古以来，节日与历法犹如毛皮，节日生长于历法之上，并成为历法最重要的标识。自公元602年百济僧人观勒把历法带入日本算起，日本人依靠历法生活已经有一千四百多年的历史。而实际上在观勒之前，早就有标有年代的铁刀和铜镜在日本各地出土，证明日本人使用历法的时间比这还要长。然而，1872年日本明治政府采用西历并于1873年废除传统的正月七日、三月三日、五月五日、七月七日、九月九日组成的传统节日体系，按照新的皇国史观重新结构出新的国家节日体系。此后日本国家节假日体系一次次变迁，固然与日本人的文化自我认同密切关联，同时也关乎东亚文化传统的地位与价值一步步被再确认。如今到日本旅游的人数每年以数百万计。到日本的中国人共同感觉到的一点，就是日本人对于传统文化保护得非常好。可很少有人知道我们今天眼睛里看到的日本传统文化，相当多的部分得以比较完好地保存下来，也都经历过迂回曲折的认识过程，是充满复杂变化的最终结果。然而社会变迁千头万绪，很难做到整体把握。本书的一个亮点，这就在于它从与民众日常生活密切相关的年中行事入手，所以讨论的话题很大，但行文踏实严整，立论有的放矢，以小见大。

从研究方法角度看，本书也很有特点。从数量上说，在中国从事日本研究的学者是世界上规模最大的。但长期以来，中国学者一直习惯一整套传统的日本研究模式，比如依照学科划分的历史研究、思想研究、文学研究，比如围绕某位作家或思想家的个案研究。在研究方法上也早就有了一个大家习以为常的套路。我一直认为，不是把日本囫囵看成一个，而是以某一地域为对象，以某一社会变化为线索展开研究，很可能是突破这一局面的有效手段。"小荷才露尖尖角，早有蜻蜓落上头。"读了毕雪飞的新作，我觉得尽管作者可能并没有明确的方法论创新的想法，但做出的工作就是这样一种富有尝试精神的创新。而如果这样富有创新精神的著作能成批涌现的话，中国的日本研究，一定会有一个新的局面。这正是我们期待于年青一代学人的所在。

2017年3月18日　学清苑

城市化进程中鲜活的记忆

肖　霞

都市，是人类进步和社会文明最具表征意义的载体。都市不仅是人类日常活动的生存空间和场所，而且是人类文化守成与守望、传承与创造的历史舞台，而层层累积和雕刻在社会记忆、集体记忆和个体记忆层面的具有社会意识的"非物质文化遗产"则是人类文化活动的舞台背景。柳田国男曾说过，都市是集中自我中心性等与各种村落文化事象为一身，具有能够重新组合、创造新文化性质的社会载体。随着现代都市文明的形成，多元文化的交融使得现代都市生活日新月异、变幻无穷；即便如此，当我们拨开历史的帷幔就会发现强大的历史文化潜流依然在统治着看似繁花的现代都市文明而万变不离其宗。所以，美国哈佛大学的文化人类学家、社会学家克莱德·克鲁克洪认为：文化是历史上所创造的生存式样系统，既包含显性式样又包含隐性式样；它具有为整个群体共享的倾向，或是在一定时期为群体的特定部分所共享。

日本是一个城市化程度很高的国家，但日本人在城市化进程中对传统历史文化的守成与守望却有着独特的认识和理解。正是基于这种认识，日本现代都市文明的形成不是简单地对传统的否定，而是历史传统与现代文明的有机融合，即许多现代文化元素与传统的文化事象相融合，并逐渐演化成为种种为广大民众所共享的相对固化的民俗事象。这种由继承与创新交集而成的具有"新文化"特征的民俗事象不仅丰富了当代都市文化的内涵，而且也成为当代都市文化的重要表达。在法国学者皮埃尔·诺拉看来，民族文化记忆在很大程度上来说，首先是一种档案化的记忆，而这种档案记忆完全依靠尽可能准确的痕迹，最为具体的遗物和记录，最为直观的形象。所以说，"记忆的内在体验越是薄弱，它就越是需要外部支撑和存在的有形标志物，这一存在唯有通过这些标志物才能继续"。非物质文化遗产保护是当前世界性的文化实践。在传统社会向现代社会及"后现代社会"发展的全球性大趋势下，关注民间文化和底层社区文化的价值与传承，采取积极行动促进其保护、传承与发展，不仅使地方民众受益，也保护了人类文化多样性，这也是20世纪下半叶联合国倡议"保护非遗"并制订相关国际公约的初衷。

节庆类传统作为非遗的重要组成部分，在中国经历了多次政治洗礼和深刻的市场化、现代化、城市化与全球化的影响，正面临着淡化、异化、同质化等严峻问题。从现实来看，不同社会群体所举办的节庆类传统活动，其程序环节都是社会群体价值观及其表征的集中体现，这些价值观往往会通过特定群体所精心组织的集体性庆典活动而内化为个人的价值观。这是因为"记忆是鲜活的，总有现实的群体来承载记忆，正因为如此，它始终处于演变之中，服从记忆和遗忘的辩证法则，对自身连续不断的变形没有意识，容易受到各种利用和操纵，时而长期蛰伏，时而瞬间复活。……记忆植根于具象之中，如空间、行为、形象和器物"。（皮埃尔·诺拉）所以，如何在全球范围内保持传统节日文化的民族性与独特性，并保护与传承下去，是我们面临的重要课题，也是我们长期努力的方向。

随着新世纪以来非遗工作的开展与法定假日改革给予传统节日以更多尊重，节日研究以五四时期以来的积累为基础，在研究范围、层面与方法上都有明显的拓展与提高，主要体现在岁时节日民俗一般理论、民众岁时观念，传统节日起源、变迁、个案、文献、比较等研究方面。其中，将非遗与节日相结合，构成了当前节日研究的焦点。如：聚焦当下节日的传承、重构及意义的流变研究；在政府决策、媒体宣传与民众节日知识普及方面提供学术支持的复兴与法定化研究；立足文化经济、旅游业发展、民众文化需求等方面，对节庆类遗产的开发建设等研究；着眼于传统创新与保护实践以及东亚地域文化整合等研究；在弘扬传统节日文化现状与对策、"生产性保护"等层面析出保护传承路径与策略等研究。

总的来说，节庆类非遗研究呈现出多学科参与、多向度探索的态势。然而，在充分认识社会空间变化，加强传统节日现代转型研究、廓清政府行政作为与责任边界，还节日于民、生活与文化研究等大局观的、系统性的研究还有待于拓展。

众所周知，非遗保护从提出开始就将学术探索与社会实践密切联系在一起：在人文关怀的层面，指涉全球性的现代化进程中对民俗文化的保护与对社区民众主体的尊重；在实践层面，则是设计如何通过适度的政府行政作为，在保证社区民众文化权利与民俗文化可持续发展的同时，促进地方性民俗资源向惠及整个社会、国家甚至是跨境的"公共文化"良性转化。这方面，东亚以日本为代表的非遗社会实践与理论探索最早，最早可追溯到明治时代，立法则始于上个世纪五十年代，在政府行为、社区参与与民众认识等方面的经验与教训值得借鉴。

毕雪飞博士的著作《日本近代以来城市化进程中年中行事的传承与变迁——以东京地区为中心》就是在这样的研究背景下的尝试。该书是在她的博士后研究报告基础上修改完成。作者尝试着将节日研究置于日本近代变革中的历史背景下，特别是置于日本近代以来城市化发展中梳理，围绕政府政策、社会空间变化、民众认知三者的互动，系统地考察了日本近代以来城市化进程中传统节日的传承与变迁。而这些，都被作者统摄在一个舞台之上——东京。东京由近代江户城发展到现在国际大都市，经历了日本城市发展的各个阶段，是日本城市化发展最具有代表性的地区。选择东京作为研究地区，显示了作者一定的学术眼光与勇气。

在我看来，本书的创新之处之一是历时性与共时性相结合。作者将日本年中行事放在日本近代以来城镇化进程中考量，注重在社会动态中关照与梳理其传承与变迁的脉络；同时为理解日本年中行事在日本民众生活和文化体系中的地位和作用，凸显年中行事当代传承的借鉴意义，最终又着力于日本年中行事的当代传承、保护与创新等问题的探讨上。本书的另一个创新是作者围绕政府政策、社会空间变化与民众认知的互动探讨年中行事的变迁，并将其置于日本近代史变动与城市化进程之中。作者纵横结合、以小见大的节日研究的全局观与系统性，显示出了较强的文化关怀意识与学理省思的意识。

作为毕雪飞博士的博士后合作导师，我与她既是师生，也是学术上的挚友。她善于钻研、勤于思考、严谨治学，在民俗学（主要关注中国传统节日（传统文化）在日本的传承与变迁）、民间文学（主要关注中日同类母题的故事比较研究与中国传说日本在地化研究）、非物质文化遗产研究（主要关注文化的多样性与生态性传承与保护以及非物质文化遗产保护政策研究）等领域都有细致的梳理与独立的思考，为此，还多次专程到日本实地调研和查找资料，现已经发表多篇论文，并有专著出版。如今她的博士后研究报告即将出版，倍感欣慰，也衷心祝愿她在治学的道路上不断前行、不断进取、不断创新，期待她在不远的将来给我们以更大的惊喜。

2017 年 4 月 20 日

目　　录

绪论 …………………………………………………………………（1）
　　一　研究课题的确立 ………………………………………………（1）
　　二　相关研究史回顾 ………………………………………………（6）
　　三　研究意义、研究方法和章节构成 ……………………………（13）

第一章　年中行事、城市化概观与东京概况 …………………………（17）
　　第一节　年中行事概观 ……………………………………………（17）
　　第二节　城市化进程概观 …………………………………………（23）
　　第三节　东京的地理沿革和历史记忆 ……………………………（30）

第二章　早期城市化中的年中行事传承与变迁 ……………………（34）
　　第一节　明治大正时期的社会背景 ………………………………（34）
　　第二节　早期城市化与大众生活方式的变化 ……………………（37）
　　第三节　明治时期改历及其对年中行事的影响 …………………（43）
　　第四节　早期城市化进程中的年中行事传承与变迁 ……………（49）
　　小结 …………………………………………………………………（65）

第三章　城市化发展初期的年中行事传承与变迁 …………………（68）
　　第一节　昭和前期的社会背景 ……………………………………（68）
　　第二节　城市化发展初期与大众生活方式的变化 ………………（73）
　　第三节　战时体制对年中行事的影响 ……………………………（85）
　　第四节　城市化发展初期的年中行事传承与变迁 ………………（91）

小结 …………………………………………………………（98）

第四章　城市化高速发展中的年中行事传承与变迁 …………（100）
第一节　昭和后期社会背景 …………………………………（100）
第二节　高速城市化与大众生活方式的变化 ………………（104）
第三节　"新生活运动"与文化财保护对年中行事的影响 ……（113）
第四节　高速城市化过程中的年中行事传承与变迁 ………（118）
小结 …………………………………………………………（128）

第五章　再城市化时期的年中行事传承与变迁 ………………（130）
第一节　平成时期的社会背景 ………………………………（130）
第二节　再城市化时期的大众生活 …………………………（134）
第三节　文化立国对年中行事的影响 ………………………（140）
第四节　再城市化时期的年中行事传承与变迁 ……………（145）
小结 …………………………………………………………（158）

结语 ………………………………………………………………（160）

主要参考文献 ……………………………………………………（170）

后记 ………………………………………………………………（178）

绪　　论

一　研究课题的确立

1. 研究缘起

我从 2002 年在日本攻读硕士学位开始对日本节日进行研究，已经历时十几年，期间，我完成了硕士与博士学位论文，对日本七夕及其传说的文献研究和研究史做了较为详尽的梳理与评述。此外，近些年，我在《民俗研究》等学术杂志和民俗学学会上发表多篇论文，阐述对日本节日研究的见解。回顾自己以往的研究，基本都是围绕一个节日的某个问题进行挖掘与探讨。然而，随着研究积累的深入，研究范围与视角也逐渐展开，并时常反观中国，比较对照，从而引发了我对节日研究的更为深广的思考。

2011 年 10 月，我参加了由嘉兴市政府和中国民俗学会联合开展的"中国端午·嘉兴卷"的田野调查。在之后两年的时间里，我带领"平湖组"走遍了嘉兴平湖地区的乡镇，见证了城镇化过程中的传统节日文化面临的尴尬处境。传统节日是中华传统文化的重要组成部分，作为民族的象征，记录着民族走过的历史进程。随着中国城镇化进程的不断加速，如何在城镇化过程中更好地传承和弘扬传统节日，已经成了当下亟须讨论与解决的问题。关注这一问题的同时，我开始思考自己多年来对日本节日的研究。如果对日本城市化（城镇化）进程中传统节日文化进行梳理，能否为中国正在进行中的新型城镇化[①]文化建设提供一点参考？这样的想法也随之产生。

---

① 新型城镇化是以城乡统筹、城乡一体、产城互动、节约集约、生态宜居、和谐发展为基本特征的城镇化，是大中小城市、小城镇、新型农村社区协调发展、互促共进的城镇化。

新型城镇化作为国家战略被提出来以后，极大地推动了我国城镇化的发展。截至2014年，我国城镇化率已经达到了54.77%，由大中小城市、小城镇、新型农村社区构成的城镇体系初步形成。当然，在城镇化推进的同时，城镇化关联的各方面问题显现并受到社会各界广泛的探讨。然而，从近些年的探讨来看，人们更多关注的是经济发展、土地利用、人口转移等问题，文化特别是传统文化的保护、传承与创新等问题一直被忽视。

导致传统文化被忽视的原因有多种，除了重视经济发展等原因以外，长期以来，人们对城镇化和传统文化的关系存在着认识上的误区，认为传统文化是"旧的文化"，会阻碍城镇化，要加快城镇化的进程，就必须摧毁这些"旧的文化"，正是因为这样的认识，长期以来使得地方传统文化备受冷落。然而，放眼世界，任何一个国家的现代化都是建立在对本国优秀传统文化的继承之上的。因此，对优秀的传统文化进行传承、保护与创新，使其成为城镇化的推动力，才应该是新型城镇化获得顺畅发展的基本保障。

2014年3月5日，李克强总理在政府工作报告中，提出了"以人为核心的新型城镇化"，坚持走"以人为本、四化同步、优化布局、生态文明、传承文化"的新型城镇化道路，遵循发展规律，积极稳妥推进，着力提升质量。这也就意味着中国农村城镇化历史进程，从"土地城镇化"提升为"人的城镇化"。"以人为本，以人为核心"的新型城镇化，更加明确了中国农村新型城镇化历史进程中文化建设的重要性。

传统节日作为历史文化传承的重要组成部分，它不仅体现国家的传统文化与习俗，反映国家政治、经济、文化的发展与立场，也承载着国民的集体历史记忆、现实认同与未来愿景。新型城镇化建设中，如何传承优秀的传统节日文化，是关系到民族文化生命延续的一个重要课题。深受中国传统节日文化影响的日本自明治时期进入城市化发展阶段，在把握城市化的进程与保持传统节日文化关系方面取得较好的成效。"他山之石，可以攻玉"，我们在对传统节日当代传承问题进行内省的同时，借鉴他者的经验，才能更加省时有效地让传统节日面对新时代的民众需求旧貌换新颜，从而获得生生不息的生命力。

综上所述，正是基于多年来的研究基础，以及近年来对新型城镇化的传统文化建设等问题的思考，本书选择了"日本近代以来城市化进程中年中行事的传承与变迁"这一课题，探讨日本自明治维新以来的城市化进程中，对年中行事的传承、保护与创新等问题，从中获取经验与教训，如果能为中国新型城镇化进程中传统节日根脉延续提供些许参考，将是本书所能做的一点贡献吧。

2. 研究视角和时段划分

节日作为民族文化的基本根脉，渗透在人们的生活中。因此，在中日民俗学研究中，节日受关注较早，研究积累也较为丰厚。阅读以往的文献，可以看出，根据研究的兴趣和目的不同，会有不同的视点和态度。随着近些年城镇化的建设，国内社会经济的变化，人们的生活方式的改变，传统节日的保护、复兴与重构等问题成为当今节日研究的热点问题。日本经历了城市化的发展，如今已经进入再城市化时期，其节日传承的历时性和共时性是怎样的，有没有值得借鉴的，等等，对于这些问题思考的同时，研究视角逐渐清晰，最终确定从纵向和横向两个方面切入课题研究。

历时性视角：本书将日本年中行事放在日本近代以来城市化进程中考量，意在社会动态中观照与梳理其传承与变迁的脉络。

共时性视角：本书最终着力于日本年中行事的当代传承、保护与创新等问题的探讨，目的在于理解日本年中行事在日本民众生活和文化体系中的地位和作用，凸显年中行事当代传承的借鉴意义。

在时段的划分上，本研究既然是在日本城市化进程中探讨年中行事的传承问题，因而，结合日本城市化的进程不同阶段来考量是必需的条件。结合已有的文献可知，日本城市化进程大概经历了以下几个阶段。[①]

第一阶段：19世纪末至20世纪20年代，是日本城市化的起步阶段。明治维新为日本城市化奠定了一定的基础。1871年，日本开始推行"废藩置县"，即将县官制代替幕藩体制，确立日本3府72县。1888年，日本确立了市町村制度，市是城市化地区，町与村是农村的基层行政区，为城市的发展提供了制度支持。

第二阶段：20世纪三四十年代，是日本城市化的过渡阶段。1940年

---

① 蓝庆新、张秋阳：《日本城镇化发展经验对我国的启示》，《城市》2013年第8期。

日本城市化率为37.7%，城市面积占比为2.3%，非第一产业雇佣人数占比为55%。

第三阶段：20世纪50年代至70年代，是日本城市化的加速发展阶段。在"二战"后的恢复期，日本不断加强经济建设和城市修复工作，对劳动力的需求进一步增加，人口不断从农村涌入城市。1950年日本的城市人口为3137万人，占全国总人口的37.3%。此外，日本在"二战"前已形成的四大工业地带和以东京、阪神、名古屋为中心的三大都市圈为"二战"后日本的城镇化提供了良好而便利的条件。

第四阶段：20世纪80年代至今，是日本城市化高速发展阶段。20世纪70年代后，日本进入后工业化时代，第三产业逐渐成为国民经济的主导产业。1975年日本的城市化率为75.9%，2000年城市化率为78.7%，城镇化基本达到饱和。这主要体现在城市与农村界限逐渐模糊，城市中的居民有迁入环境优良、房价便宜的农村地区的趋势，存在着农业人口和非农业人口混居的现象，表现为小城镇的崛起和大城市向周边扩张的"逆城市化"趋势。

井之口章次在《民俗学方法》中提到七种研究途径，其中最为机械性的途径便是按照明治期、大正期、昭和前期、昭和后期等时代可以划分。尽管这样的划分有些机械，但有利于与同时代的文化思潮、社会实态进行对照。[①] 结合上述日本城市化进程的几个阶段，再参照民俗学相关研究，本研究划分为：明治大正时期、昭和前期（至"二战"结束）、昭和后期（20世纪50—80年代）、平成时期（20世纪80年代至今）。结合研究目的和内容，对日本城市化准备期、发展初期、高速发展期以及再城市化时期的年中行事传承与变迁进行纵向梳理与横向剖析。

3. 研究范围确定

本研究着眼于日本城市化纵向社会变迁中年中行事的传承与变迁研究，着力于日本再城市化横向当代传承中年中行事的传承状态及其成因分析，以"取他人之长补己之短"，为中国传统节日当代传承问题提供有益借鉴。因此，从研究目的出发，研究地区、研究题材、研究主体等研究细节范围均应有事先的框定。

---

① 井之口章次：『民俗学の方法』、岩崎美術社、1970年、第148頁。

第一，比较和遴选日本有代表性的地区。本研究选定东京作为主要文献与田野调研地区，因为东京由近代江户城发展到现在的国际大都市，经历了日本城市发展的各个阶段，是日本城市化发展最具有代表性的地区。

第二，择定具有阐释力度的节日，梳理这些节日与节日系统，论证传统节日在日本民众生活和文化体系中的地位和作用。本次研究题材选择春节（日本正月）、三月三、端午、七夕、盂兰盆等中日共有的传统节日，并将这些节日放在一年中去考量，既探讨传统节日在当代的传承中中日共性和差异等问题，也为了解中国传统节日在海外传播的近代发展状况提供一定的依据。

第三，本次研究主体选定为政府的政策导向、社会传承空间与传承主体民众。在文献解读与田野调研的基础上，研析政府政策、社会文化空间与传承主体民众三者间的互动关系，把握日本年中行事的传承与变迁脉络，以梳理其传承机制、路径与走向等问题。

4. 概念说明

鉴于中日概念上的说法不同，论述之前要做些说明，以防止因中日概念上的分歧而造成认识上的混乱。

按照历法每年都在固定的日子举行的传统节日，日本称为"年中行事"。日本各地今日仍普遍传承的节日即"年中行事"，除正月之外，还有三月三日女儿节、五月五日端午节（兼日本儿童节）、七月七日的七夕、七月十五日盂兰盆节、八月十五观赏中秋明月以及每年春分秋分的扫墓等。此外，在日本各地还保留多种地方性传统节日，不同时期不同地方举行的节日庆贺活动，往往成为吸引各地游客前往该地区观光旅行的热点。本书在叙述的过程中，对"传统节日"和"年中行事"这两个概念不做严格的意义区分，大体而言，中国使用"传统节日"一词，日本则使用"年中行事"。

城市化也称为城镇化，是指随着一个国家或地区社会生产力的发展、科学技术的进步以及产业结构的调整，其社会由以农业为主的传统乡村型社会向以工业（第二产业）和服务业（第三产业）等非农产业为主的现代城市型社会逐渐转变的历史过程。日本将城市化（城镇化）称为"都市化"，本书将一律采用"城市化（或城镇化）"这一概念。

二 相关研究史回顾

1. 日本年中行事研究

日本年中行事研究兴起于明治时期,很多学者从不同角度对年中行事进行了研究,体系较为完整。从"有职故实"、风俗史学、国文学、历史学、民俗学等不同角度切入的研究,虽然各自都有其独特的地方,但同时相互之间都有影响。①

"有职故实"与风俗史学方面的研究始于20世纪初始,如林森太郎的《有职故实》(1906)、松本勘太郎的《有职故实略解》(1930)等,基本上是从朝仪方面来详细研究年中行事的。石村贞吉的《有职故实研究》(1957)不仅对仪式的文献进行了解说,而且对其思想意义也做了详细的论述。铃木敬三的《初期绘卷物的风俗史研究》(1960)在年中行事绘卷的研究上业绩突出。专门进行风俗史的研究起始于1895年的藤冈作太郎、平山铿二郎的《日本风俗史》。樱井秀的《风俗史的研究》(1929)使得年中行事的研究中更进一步。江马务的《江马务著作集》(1975—1978)中有关年中行事方面的有《新修有职故实》《日本岁事全史》,其研究在"有职故实"的基础上,在年中行事的历史意义探讨方面,比以前的"有职故实"研究更进了一步。

国文学方面的研究开始于20世纪30年代,高木市之助的《日本文学环境》(1938)是围绕文学重视风土环境、自然环境的著作。将年中行事引入国文学研究的是池田龟鉴,他在《平安朝的生活与文学》(1952)一书,考证年中行事的故事传说,并从年中行事季节意义的角度来探讨年中行事与传说。山中裕、铃木一雄编著的《平安时代的文学与生活》(1994)是以平安贵族所处的环境来探讨平安时代文学中反映的生活实态。文学环境论下的年中行事,体现了季节美感的形态和本质。通过作品来讨论年中行事这一研究视角,来理清人们的生活实态和思想。

历史学方面的研究展开于20世纪70年代,山中裕从国文、国史两方

---

① 毕雪飞:《日本七夕传说研究》,中国社会科学出版社2013年版,第162—164页。

面展开研究，着力于追寻日本古代年中行事的成立、变迁历史和年中行事的特质，其主要成就收录在《平安朝的年中行事》（1976）、《平安时代的古记录和贵族文化》（1988）等著作里。20世纪80年代以来，在历史研究方面，将宫廷仪式作为政治研究的一个手段展开，成为探寻古代日本政治特质的新方向，如大日方可己的《古代国家和年中行事》（1993）、西本昌弘的《日本古代仪礼成立史》（1997）等。

民俗学方面的研究以田野作业为基础，开始于20世纪30年代，柳田国男的《年中行事觉书》（1955）一书回顾了30年代以来的年中行事方面相关研究，主要是对日本各地年中行事与传说进行了详细的记载与考察。其弟子和歌森太郎和樱井德太郎等学者活用民俗学和文献学的知识，取得了很多优秀的研究成果，这些成果反映在和歌森太郎的《日本民俗论》（1947）、《年中行事》（1957）和樱井德太郎的《日本民间信仰论》（1958）、《季节的民俗》（1969）等著作中。《日本民俗学讲座》（1976）第三卷信仰传承部分、樱井德太郎的《课题》和宫田登的《生活节奏和信仰》是关于年中行事与信仰的内容，《日本民俗学大系》第七卷《生活和民俗》（1958—1959）以及《讲座日本民俗6》（1998）中大岛建彦的《年中行事》等是对年中行事的考察或研究总结。鸟越宪三郎的《岁时记的系谱》（1977）、平山敏治郎的《岁时习俗考》（1984），是将年中行事和文献相结合进行研究的优秀之作。小学馆发行的《历法和祭事——日本人的季节感觉》（1984）（《日本民俗文化大系9》）主要从季节感来探讨年中行事。田中宣一的《年中行事的构造》（1992）是20世纪90年代在民俗学基础上加入文献学研究方法的较新成果。

另外，折口信夫利用《古事记》和《日本书纪》研究年中行事的论说收在《折口信夫全集》（1954—1959）里。他的弟子仓林正次纵深挖掘古代宫廷仪式的发展史，从祭祀、岁时、仪礼和文学等角度展开研究，其内容分为"宫廷礼仪的构造""正月仪礼的形成""大臣大飨"等几个部分。仓林正次的研究在熟读古记录的基础上，将文学、民俗学和历史学结合在一起，完成了重要著作《飨宴的研究》（1969），该书影响着后来的研究者。

2. 日本城市研究

日本城市研究在20世纪60年代之前主要集中在城市社会学和地理学方面，如奥井复太郎的《现代大都市论》[①]、矶村英一的《城市社会学》与《城市社会学研究》[②]、木内信藏的《城市地理研究》[③] 等，这些研究开启了日本城市研究的先河。

20世纪60年代后半期开始，日本城市研究更进一步。[④] 柴田德卫在《现代都市论》[⑤] 一书中对城市形成的诸要因及其病理现象进行分析，并对近代日本城市形成、城市问题、城市计划进行了阐述。宫本宪一在《日本都市问题》[⑥] 一书中指出应对城市问题最好实行地方自治，并提倡从城市经济、城市问题、城市政策三方面进行综合研究。

20世纪80年代以后，日本城市研究进入一个全新的阶段。城市研究主要集中在东京、大阪、京都等大城市上，对城市自治、社会政策、近代生活规范（市民生活意识）、公共事业等方面进行了深入的研究。如小路田泰直[⑦]、芝村笃树[⑧]等的研究著述。

从宏观角度来看，日本城市研究随着近代以来的转换期变化，呈现出不同的问题。20世纪20—30年代、高度增长期的50年代中期、70年代中期，每个时期的高峰分别出现中央权力和城市权力的变动、城市和农村的关系、城市间的关系网以及与世界结合的样态等问题。[⑨]

日本城市研究中文化传承等问题也随着城市化进程的加速日益受到民俗学者们的关注和讨论，伴随着对城市实地调查的不断展开，逐渐形成了对城市文化事象研究的理论和方法，城市民俗学的研究体系更趋完善。

---

① 奥井復太郎：『現代大都市論』、有斐閣、1940年9月。
② 磯村英一：『都市社会学』、有斐閣、1953年4月；『都市社会学研究』、有斐閣、1959年2月。
③ 木内信蔵：『都市地理学研究』、古今書院、1951年5月。
④ 芝村篤樹：『日本近代都市の成立』、松籟社、1998年12月。
⑤ 柴田徳衛：『現代都市論』、東京大学出版会、1967年11月。
⑥ 宮本憲一：『日本の都市問題』、筑摩書房、1969年4月。
⑦ 小路田泰直：『日本近代都市史研究序説』、柏書房、1991年1月。
⑧ 芝村篤樹：『都市の近代・大阪の20世紀』、思文閣出版、1999年9月。
⑨ 同上。

3. 日本城市民俗学相关研究

始于明治时期的日本民俗学，经过几十年的田野作业沉淀，昭和①初年开始了大型田野调查研究。如柳田国男组织的山村调查（1934）、渔村调查（1937）以及岛屿调查（1950年开始展开），都是全国性的、大规模同步进行式的民俗调查。② 在这些调查与研究中，日本民俗学逐步确立了着重以农山渔村民俗文化体系为核心的学问。同时，在这一时期，日本民俗学迎来了很大的转机，1935年在大学的教育学部开设了民俗学的讲座，使知识得以体系化，并广泛普及。以农山渔村为中心的研究持续了50年，终因农村逐渐衰落，民俗学研究达到"最大限度"，但也因此失去了方向性。③ 因而，城市的民俗学逐渐纳入民俗学研究的视野，④ 城市民俗学随之兴起。

实际上日本民俗学对城市民俗学的关注萌芽于20世纪30年代前后，柳田国男在《都市和农村》⑤中提出"都鄙连续体"，"都""鄙"的含义分别为城市和村落。柳田主张城市和村落是连续体的关系，城市存在于

---

① 日本昭和时期：1926年12月25日—1989年1月7日。

② 1934年的"山村调查"开始实施时由73人参加，分头调查选定的53个村庄，前后共历时三年。这次"日本偏远诸村乡党生活资料收集"的广域民俗普查活动，被看作日本民俗学史上第一次全国规模的民俗调查。随后，1937年开展的历时两年的"离岛及沿海诸村乡党生活调查"（在日本民俗学调查史上将其简称为"渔村调查"），1950年至1953年在19座岛屿上进行的"本邦离岛村落调查研究"（日本民俗学调查史上没有特殊的简称，笔者将其称作"岛屿调查"）。此处主要参考了马兴国《日本民俗学研究概况》，载于《日本学刊》2001年2期；福田アジオ「民俗学の登場」、『日本の民俗学——野の学問の二百年』、吉川弘文館、2009年10月、第61—101頁。室井康成「『遠野の物語』は聖典なのか——その神話化をめぐる言説空間」、「『遠野の物語』執筆における柳田国男の動機——その農政論との関わりをめぐって」、『柳田国男の民俗学構想』、森話社、2010年3月。

③ 宮田登：『都市の民俗学』、『日本を語る』(9)、吉川弘文館、2006年10月、第4頁。

④ 在城市受到关注的初期，对于城市中是否存在固有的、跨代传承的民俗文化，对城市民俗的研究是否就等同于城市民俗学等学理问题曾经存在质疑和争论。但伴随着对城市实地调查的不断展开，对适用于城市文化事象研究的理论和方法的探索、积累，民俗学者逐渐形成了这样的共识：同村落一样，城市也是民俗学研究的重要组成部分；城市的民俗即使源头在村落也是经过了再创造后形成的，因此应该反思从一元论角度出发将城市民俗和村落民俗同等看待的观点；民俗学研究不仅要关注稳定性的部分，还要关注动态变化的过程，可以说城市民俗的研究是近代化进程中必然产生的研究领域；应加强对城市居民基础文化的发掘，以促进关于城市居民心意现象的研究。郭海红：《继承下的创新——70年代以来日本民俗学热点研究》，山东大学，博士学位论文，2008年12月，第102頁。

⑤ 柳田国男：『都市と農村』、朝日常識講座第六巻、朝日新聞社、1929年3月。

村落的延长线上，两者在人员、经济、文化方面都保持着经常性的联系，城市民俗的源头在村落，只有在村落里才存在日本民众的基础文化，城市的生活文化只不过是村落生活文化的一种变形，因此理解了村落就能理解城市。在柳田国男"都鄙连续体"基础上形成的城市民俗观体现了城市与农村是你中有我、我中有你，互相补充、依赖共存的相互关系。即使城市文化发展到极致，其根本仍然是在村落，若缺少了来自村落的基础文化，城市体系就不完整。居住在城市的人在远离了自己的故乡家园后，对故乡的民俗生活才会有更加深刻的体会，因此城市的民俗是被建构在这样一种寻根指向、思乡情绪、村民的心意之上的。① 柳田国男的"都鄙连续体"阐述了城市和农村是"从兄弟"的关系，调查农村的情况就知道城市的情况，也就是说农村和城市调查清楚后就能捕捉到日本文化的整体面貌。②

除此以外，柳田国男还注意到了都市民俗的传承，提出在东京、京都、大阪等地的都市生活中如何保存江户时代的生活文化，并如何传承下去的问题。③ 柳田国男认为要"真正像日本人那样"，其都市研究主要以"一天吃三顿米饭，在榻榻米上穿着和服，悠闲地过着都市日常生活"的生活方式为中心。④ 同时期，今和次郎在关东大地震之后的东京复兴期间提出"考现学"⑤，他以物质资料来说明都市社会中人们呈现出怎样的生活方式。

"后柳田时代"（1962—）的日本恰逢经济高度增长期，社会和经济发生重大变革，城市化和乡村过疏化进程加剧，人们的生活方式和意识发生了不可逆转的改变，日本民俗学真正陷入了"研究对象消亡"的境地。学科内部自省促使城市民俗学真正兴起，城市民俗学一度成为日本民俗学近代转型的一个方向。节日研究方面，相关学者自20世纪60年代

---

① 郭海红：《继承下的创新——70年代以来日本民俗学热点研究》，山东大学，博士学位论文，2008年12月，第103页。
② 宫田登：『现代民俗论の课题』，未来社，1986年11月，第22页。
③ 宫田登：『都市の民俗学』，『日本を语る』（9），吉川弘文馆，2006年10月，第5页。
④ 同上书，第4页。
⑤ 相对于"考古学"创造出来的新词，是指确定时间和场所对现代社会现象进行有组织的调查研究，对世相和风俗等进行解说的学问。

开始围绕农村变化、城市民俗生成及城镇民俗变化等问题对节日进行了调研。随着研究深入，日本民俗学逐渐确立了作为"现代学"的自我意识。

研究者在对柳田国男的"城市民俗观"讨论的过程中[1]，逐渐完成了城市民俗学的理论与方法的探讨。城市和农村究竟是统一的连续体还是断裂的独立体？在后来的城市民俗学研究中，针对柳田的"都鄙连续体论"，仓石忠彦作了发展，提出了"都鄙区划论"的城市村落对照研究法。仓石忠彦认为"可以说城市与农村并不就是连续体的关系，城市构成的是独自的社会。只不过这个社会并不是靠它个体得以成立的，而是总是面向外界敞开，与外界相互影响。因此我们可以把城市和农村看作在相互干涉、相互影响的同时具有各自独立世界的社会"。也就是"都鄙区划论"。在经历了城市的成熟期，新一代城市居民得以形成和稳固以后，城市不再只是作为村落的附属，城市的影响力越来越大，具有了和村落平等的内涵。在这样的现状下，仓石主张城市应该被视为与村落相对照的不同空间，对城市民俗文化应给予同样的重视、进行等同的研究。

千叶德尔对近代化与城市化提出了明确区分，他撰文《都市内部的丧葬习俗》[2]标志着日本城市民俗学的建立和发展。仓石忠彦[3]、高桑守史[4]、宫山博夫[5]、岩本通弥[6]等人分别从不同的视角对城市民俗学进行研究，如仓石忠彦从"团地公寓"研究入手，开启了城市民俗学的空间研究范畴。[7]

日本城市民俗学集大成者宫田登从理论与实践入手推动了日本城市

---

[1] 郭海红：《继承下的创新——70年代以来日本民俗学热点研究》，山东大学，博士学位论文，2008年12月，第104页。

[2] 千葉徳爾：「都市内部の送葬習俗」、『人類科学』23号、1971年。

[3] 倉石忠彦：「団地とアパートの民俗」、『信濃』25巻8号、1973年；「都市民俗学の展望」、『比較民俗学会報』1-6；「都市と民俗学」、『信濃』25巻8号、1973年。

[4] 高桑守史：「都市民俗学」、『日本民俗学』124号、1979年。

[5] 宮山博夫：「金沢における団地アパートの民俗」、『都市と民俗研究』3号。

[6] 岩本通弥：「都市における民衆生活史序説」、『史誌』8号、1977年；「都市民俗の具体相」、『風俗』62号、1983年；「都市民俗の予備考察」、『民俗学の評論』16号、1987年。

[7] 日本学者提出了"四空间论"：生活空间、职业空间、娱乐空间和移动空间。

民俗学的发展。理论方面,他指出了城市民俗学的方向、方法论与调查法、特性①。并将日本人的精神世界分为"世俗—污秽—神圣"②,即:"日常生活—能量枯竭—非日常生活"三态循环。实践方面,他对东京的板桥区、隅田川、浅草等地进行调查,内容涉及祭祀、节庆、信仰、传说等方面。宫田登的研究明确城市民俗在民俗学研究中的重要地位,同时,在同一时期的仓石忠彦等研究者推动下③,城市民俗学研究逐渐成熟。

岩本通弥在《都市生活民俗学》④ 中认为,都市和村落之间的境界已经非常模糊与暧昧,民俗学以及村落研究已经无法忽视都市的存在。在年中行事相关研究中,一些学者或通过对城市节日祭礼活动的考察,或从商业和观光角度,分析城市社会组织结构和年中行事文化传统与变容。近期研究主要集中在年中行事现代形态解析或追踪调查方面。如:菅丰(2012)以元旦为例,认为新旧节俗被片段化延续,却又浑然一体地建构了新的节日文化⑤;"SUNTORY次世代研究所"从1990年始,以"现代家庭与年中行事"为题,每隔十年调查分析社会和家庭环境变化对年中行事产生的影响与变化。⑥

---

① 宫田登:『都市の民俗学』、『日本を語る』(9)、吉川弘文館、2006年10月、第7—31頁。

② 或称"日常态—能量枯竭态—非日常态"。

③ 在仓石忠彦、小林忠雄、宫田登、岩本通弥、高桑守史、松崎宪三、大月隆宽等为代表的城市民俗研究学者的推动下,城市民俗研究初步形成体系,出版相当数量的著述和论文,召开若干次城市民俗研究主题的研讨会、谈话会。1976年成立地方性的城市民俗研究组织——金泽民俗探访会,1978年发行以《城市与民俗研究》命名的专刊;1979年9月1日第124期《日本民俗学》学刊上"城市民俗学"第一次被作为一个单独的领域设立出来,由高桑守史执笔对"城市民俗学的研究动向和课题"做了论述;1995年国学院大学成立都市民俗研究会,同年发行了《都市民俗研究》年刊,到2002年已经累计发行八期。郭海红:《继承下的创新——70年代以来日本民俗学热点研究》,山东大学,博士学位论文,2008年12月。

④ 岩本通弥:『都市の暮らしの民俗学』(都市の生活のリズム)、吉川弘文館、2006年10月、第102頁。

⑤ 菅丰:《日本节日文化的现代形态——以日本都市的元旦文化改编为题材》,《温州大学学报》(社会科学版)2012年第4期。

⑥ 该调查分析形成了较为详细的研究报告等,如井上忠司『現代家庭の年中行事』、講談社現代新書、1993年12月。

4. 问题意识

中国传统节日的学术探讨始于"五四"时期，1983年开始全面发展，有关日本节日研究方面主要探讨中日传统节日的密切关联、本土化与民族化等问题。从2003年开始，非遗保护与立法、部分传统节日纳入国家法定假日里，节日研究成了当前学术热点之一。传统节日的保护、复兴与重构以及与国家形象关联等研究均得到民俗学者们热烈的讨论。针对传统节日当代传承问题，对于如何借鉴国外传承弘扬传统节日的有益经验，宋建林认为应当汲取国外节日的营养，补充中国节日文化体系。[①]

城镇化的研究随着新型城镇化的建设，已然成为国内近年来的研究热点，研究成果主要涉及以下几个方面：①城镇化政策方针的研究；②城镇化动力机制的研究；③城镇化特征研究；④城镇化模式研究；⑤城市化空间研究；⑥新型城镇化研究。不过，总的来看，目前针对城镇化建设中传统文化的传承与变迁研究缺乏实证性，对利用传统节日等公共文化资源的研究不够，对新型城镇化建设之于传统文化保护以及社会的可持续发展研究不够。

综合前人研究文献可知，至今未见日本近代以来年中行事传承与变迁的全观性与体系性的研究。深受中国传统节日文化影响的日本自明治时期开始城市化准备期，经历城市化飞速发展之后，进入后工业时代和再城市化阶段。日本城市化进程中所经历的传统节日文化传承等问题必将是中国新型城镇化推进中面临的相同问题，本书正是基于上述思考，并结合研究现状，将日本年中行事定位于城市化进程中去考量，旨归探讨传统节日当代传承机制、途径与走向等问题，以期为中国新型城镇化建设中如何传承优秀的传统节日文化提供现实依据、参考路径与智力支持。

三 研究意义、研究方法和章节构成

1. 研究意义

伴随传统的复兴和非物质文化遗产运动的开展，传统节日成为各国

---

① 宋建林：《关于借鉴国外传统节日精华的调研与建议》，《艺术百家》2012年第5期。

政府、学者和民众关心、参与和保护的重要生活内容和社会文化形态。春节等传统节日相继被列入国家和世界人类非物质文化遗产名录，并被国务院设为国家法定假日。2008年3月，文化部启动《中国节日志》大型调查项目，记录各民族传统节日的历史和当代传承。这些均肯定和支撑了传统节日现代传承的价值。

本书着眼于日本城市化进程中的年中行事传承与变迁的纵向宏观把握，落脚于当代传承的横向微观分析，既体现了日本近代以来年中行事传承与变迁的脉络，又能凸显当代传承的借鉴意义。

本书研究重点在于日本社会转型期，特别是城市化进程中年中行事的传承与变化，是将年中行事置于社会动态中加以观照，既拓宽传统节日的研究思路，也为传统节日当代传承研究提供多元的视角。

本书选择春节（日本正月）、三月三、端午、七夕、盂兰盆等中日共有的传统节日，既比较研究探讨传统节日当代传承的中日共性和差异等问题，也为了解中国传统节日在海外传播的近代发展状况提供一定的依据。同时，对增强民族自信心与自豪感，传播国家形象，促进地域之间的文化认同等，均有不可替代的现实意义。

本书为政府的政策导向、社会传承空间与传承主体民众，全方位考察传统节日的传承机制、路径与走向，对探讨传统节日的研究理路无疑具有积极的推进作用。

2. 研究方法

以日本城市化进程为核心展开的年中行事传承与变迁的实证研究，首要任务是对前人已有的研究成果进行认真仔细的梳理和学习，形成一定的理论储备。然后以此为基础进行扎实的文献查阅和田野调查，达到对日本近代以来社会变迁中年中行事状况的全观性把握。随后系统地分析、比较和归纳这些材料，从而对研究所需解决的日本城市化进程中年中行事的传承与变迁脉络，以及年中行事与民众生活、文化传统、社会需求等关联问题的认识更为透彻。最后契合日本当前社会状况，结合政府政策、社会文化空间、传承主体民众三者的互动，探索城市化进程中年中行事的传承机制、路径与走向问题，并析出中国城镇化进程中传承传统节日值得参照的内容。

（1）文献实证研究。本书着眼于日本近代以来的年中行事传承与变迁的考察，文献实证法为主要的研究方法之一。全面搜集整理相关调研报告、论文、专著以及政策、法令法规等内容，来了解日本近代以来的社会、历史、政治、经济、文化等状况，尤其是节日系统和形态，以及当前的文化发展和经济建设的趋势、状态和构想。

（2）田野调查法。本书着力于日本年中行事的当代传承，田野调查是研究内容动态把握的最优方法。本书进入选定的年中行事展演的区域，借助参与观察、深度访谈等方法，获取包括日本民众生活体系、年中行事活动、社会文化空间等方面的材料，在特定的时空中洞悉日本当代年中行事传统性与创新性的互动，研讨其传承机制、路径与走向。

（3）比较研究法。"取人之长补己之短"是本书的最终学术目的，比较研究更能凸显中日传统节日当代传承的一些共性和差异性的内容，是借鉴研究最行之有效的研究方法。从历时与共时的角度辨析中日共有的传统节日的传承异同，从中析出可供参照的规律性的内容。

（4）交叉研究法。本书涉及历史、社会、文化人类学等多学科领域内容，多学科的交叉视角与方法能够全方位考察日本社会转型或变迁中年中行事的传承与变化。

3. 章节构成

全文分为绪论、正文和结论三大部分。

绪论主要说明研究的确立、研究意义、基本思路和章节构成。

正文分为五章：第一章主要介绍日本年中行事与城镇化概观，以及东京概况；第二章主要介绍与梳理明治大正时期的社会背景、早期城市化与大众生活、明治时期改历对年中行事的影响、早期城市化过程中年中行事的传承与变迁等方面的内容；第三章从昭和前期的社会背景、战时体制下的大众生活、战时体制对年中行事的影响、城市化发展初期年中行事传承与变迁等内容进行分析；第四章主要介绍与梳理昭和后期的社会背景、城市化高速发展时期的大众生活、昭和后期的新生活运动与文化财保护对年中行事的影响、城市化高速发展进程中年中行事的传承与变迁等内容；第五章从平成时期社会背景、再城市化时期的大众生活、文化立国对年中行事的影响、再城市化时期年中行事传承与变迁等内容进行探讨。

最后为结语部分，主要围绕政府政策、社会空间变化与传承主体民众的三者互动关联，对日本近代以来城市化进程中年中行事的传承与变迁进行归纳和总结。

第一章

年中行事、城市化概观与东京概况

第一节 年中行事概观

日本史学家、风俗史研究者江马务将日本的风俗史划分为：固有风俗时代、韩风输入时代、唐风模仿时代、国风发展时代、国风全盛时代、和洋混淆时代、民主风俗时代。[①] 这一划分比较清晰地概括了日本风俗（包括年中行事在内）的发展与变迁历史脉络。

唐风模仿时代大约始于日本推古天皇15年（607），经历了飞鸟与奈良时代，至平安朝宇多天皇宽平6年（894）。这一时期恰好与遣隋使、遣唐使开始与终止时间段基本吻合[②]，是全面吸收隋唐文化时期。这一时期的日本典礼与岁事唐风化，如元日节会（正月一日）、白马节会（正月七日）、踏歌节会（正月十六）、曲水宴（三月三日）、端午（五月五日）、乞巧奠（七月七日）、盂兰盆节（七月十五）等年中行事均在这一时期以宫廷为中心移植到日本。

元日节会：天皇接受文武百官朝贺，并宴请文武百官。

白马节会：模仿唐朝观青马驱邪的习俗，日本从圣武天皇天平二年（730）开始，正月七日天皇观白马，并宴请群臣。

---

① 固有风俗时代——从神代到神功皇后征韩；韩风输入时代——神功征韩至推古天皇十一年；唐风模仿时代——推古天皇十一年至宇多天皇宽平六年；国风发展时代——宇多天皇宽平六年至后土御门天皇文明九年；国风全盛时代——后土御门天皇文明九年至孝明天皇安政五年；和洋混淆时代——孝明天皇安政五年至昭和二十年；民主风俗时代——昭和二十年开始至今。江馬務：「風俗文化史」，『江馬務著作集第一卷』、中央公論社、1988年2月、第10頁。

② 遣隋使开始于公元600年，遣唐使终止于公元894年。

踏歌节会：持统天皇7年（693）正月十六日召集唐人歌手举行踏歌会。

曲水宴：天皇召集文人作曲水诗。朝臣的官邸也举行曲水宴。

端午：推古天皇19年（611）五月五日开始采草药（菖蒲、艾），天平①19年举行骑射，有佩戴"菖蒲蔓""药玉"②等习俗。

乞巧奠：七月七日传说为中国牛郎织女聚会之日。唐代竹竿悬挂五色丝，穿七孔针，供奉瓜果，奏乐。持统天皇5年（691）在这一天开始宴请，圣武朝开始召集文人作七夕诗和和歌。

盂兰盆节：佛教节日，供养并祭奠祖先之灵。推古天皇14年（606）开始，天平5年（733）在宫中举行，齐明朝（655—661年）开始各寺院举行。

国风发展时代始于遣唐使终止（894）之后至应仁之乱（1467—1477年）为止，分为前期（平安时代③）、中期（镰仓时代④）、后期（室町时代⑤）。这一时期，日本由公家⑥转换为武家⑦的政治变革，也意味着风俗

---

① 圣武天皇年号，729—749年。奈良时代最盛期，留下了东大寺、唐招提寺等灿烂的佛教文化，这一时期的文化被称为天平文化。

② "菖蒲蔓"是用菖蒲编成冠戴在头上，"药玉"是用五色丝将草药缠成球状佩戴在身上或悬挂在卧室。

③ 平安时代是日本古代的一个历史时期，官方称呼也可称作平安京时代、平安京时期。从794年桓武天皇将首都从奈良移到平安京（现在的京都）开始，到1192年源赖朝建立镰仓幕府一揽大权为止。

④ 镰仓时代（1185—1333年）是日本历史中以镰仓为全国政治中心的武家政权时代。始于1185年镰仓幕府成立，终于1333年幕府灭亡，经历149年。因源赖朝于1185年击败竞争的武士家族平家以后，在镰仓建立幕府，故名。

⑤ 室町时代（1336—1573年）是日本史中世时代的一个划分，名称来源于幕府设在京都的室町。足利尊氏对应后醍醐天皇的南朝建立了北朝，于1336年建立室町幕府。

⑥ 日本政权中贵族阶层代称。公家特指服务于天皇与朝廷的、住在京畿的五位以上官僚（三位以上称"贵"，四位、五位称"通贵"），与古代豪族有深刻的渊源，在律令官僚制的促进下走向成熟，"官位相当制"、荫位制、官职家业化等促进了贵族的世袭化。明治维新后，原有的公家贵族变身"公卿华族"，江户时代的大名藩主改头换面为"诸侯华族"，很多人因倒幕维新及之后的各种功勋成为"功勋华族"，并依据家格分别被授予公爵、侯爵、伯爵、子爵、男爵等爵位。

⑦ 武家指武士系统的家族、人物，与"公家"相对。其核心是平氏和源氏。武家是从在古代公家的领地、庄园中负责武备警卫的家族发展而来，原为公家所统治的阶层，后逐渐壮大，实质性地把持全国政权，继而建立镰仓幕府，公家则被傀儡化。

上的变革。

平安时代的制度整备和上流社会生活上的优雅，使得典礼与岁事达到了空前绝后的美化境地。从正月到十二月，每个月都有岁事仪式，呈现出多样化与细致繁复的特征。

正月：四方拜、小朝拜、元日节会、御固齿、屠苏、白马节会、踏歌节会、射礼赌弓、卯杖、民间正月十五"七种粥"等
二月：释奠、涅槃等
三月：上巳、花见
四月：更衣、浴佛会
五月：端午
六月：大祓
七月：乞巧奠、相扑节
八月：中秋观月
九月：重阳
十月：弓射、初雪见
十一月：五节、镇魂祭、新尝祭等
十二月：御佛名、追傩

从以上所列的各月节日名单可以看出，平安时代的年中行事较之前代明显呈现花样繁多的特征。中国传统节日被融入日本要素，逐渐扎根于日本。

如：正月模仿唐代"胶牙糖"固齿，日本吃年糕以固齿，并喝屠苏酒祛病；三月上巳宫中举行曲水宴，并将人偶放入水中顺水漂走；宫中端午沿袭了前代的骑射、药玉、菖蒲等习俗，民间在屋檐下悬挂菖蒲、喝菖蒲酒、模仿唐俗吃粽子，举行"因地打"[①]等；原本在宫中举行的乞巧奠，公卿之家也举行这一仪式，进行星祭、穿七孔针、五色丝等，并供奉鲷鱼、鲍鱼、瓜果梨桃等物产，奏乐唱和歌，向二星祈求恋爱之美、

---

① 分成两队，互相投石对打。

诗歌之才、音乐之技、书法之精等愿望，将和歌写在梶叶上顺水漂走；宇多天皇宽平9年（897）开始举行观月宴，民间则始于贞观四年（862）；重阳节模仿唐俗赏菊，认为以菊花抚肌肤有延寿之功，在九日采摘带有朝露的菊花抚肌肤，或前夜将棉布覆于菊花花蕾之上，翌日清晨以此棉布抚肌肤；十二月三十日模仿唐俗追傩。

　　镰仓时代武士登上政治舞台，武家政治开始。武士的教养、信仰、社会生活、仪礼以及生活情趣均表现出与平安时代宫廷贵族风雅情趣不同的一面。如元旦弓箭、蹴鞠，三月三日斗鸡，五月五日挂菖蒲于屋檐下，并互赠菖蒲枕，七月七日和歌会，七月十五日各寺院盂兰盆会，八月十五日中秋等，均表现出武士尚武趣味与民间要素的渗入。

　　室町时代的家里装饰讲究、优雅，体现出对家庭生活的一种享受。年中行事也包含丰富的生活内容，这一时期武家年中行事内容大量流向民间。正月元旦将军用"若水"①洗浴，群臣参贺；二日将军初乘马；七日吃七草粥②；十四、十五日将竖立三根竹子缠上稻草烧掉，这种仪式在民间广泛传播；十五日祝粥；十七日初试弓箭；月末初试连歌、蹴鞠等。三月三日斗鸡，并赠答人偶。五月五日端午在屋檐下悬挂菖蒲和蓬，食粽子，洗菖蒲浴，赠答"药玉"。七月七日加入新的内容，叫"七种游"③，举行献花会，将和歌写在梶叶上顺水漂走。七月十五日到寺院进行盂兰盆供奉，举行施恶鬼法事，盂兰盆舞蹈在这一时期颇为盛行。八月十五中秋赏月，在月下举行歌会。九月九日重阳赏菊喝酒。节分④举行撒豆仪式。

　　江户时代的年中行事多姿多彩，公家、幕府、民间以及神社、寺院都有各自的特色。

　　宫中在延续以往惯例的基础上，融入幕府和民间年中行事要素。元旦有四方拜、小朝拜、元日节会、御固齿、屠苏、七日七草、白马节会、

---

① 若水：元旦（立春）早晨汲的水。
② 后世食七草粥的起源。
③ 由七夕法乐发展起来的，指"蹴鞠、歌、碁、立花、贝覆、扬弓、香"。
④ 节分：指立春、立夏、立秋和立冬的前一天，意味着季节的更替。江户以后一般指立春的前一天，这一天相当于"大晦日"。

十六日踏歌会等；三月三日节供①、斗鸡；五月五日菖蒲节句，向天皇献粽、"饼"（糯米糕）和放入菖蒲根的酒，献菖蒲枕、洗菖蒲浴；七月七日七夕在庭院内竖立带着叶子的竹子四根，拉上绳子，天皇前面的绳子上挂上五色绢丝，下面铺上席子，上面的高几上摆着针、线、扇、笛等物，天皇写和歌，赏赐给公卿女官扇子，奏乐；七月十五日盂兰盆节，诸人献灯笼，天皇观看东山"大文字送火"②；八月十五日中秋献三个红薯、三个茄子、萩草筷子，天皇用萩草筷子将茄子划开一个洞，在洞内观看月亮；九月九日重阳节，向天皇献菊花酒，举行"菊被绵"③仪式。

幕府年中行事中有一些不同于宫中的祝仪。正月一日参贺、"书初"④，七日七种祝仪，十五日小豆粥等；三月三日桃⑤之祝仪，群臣参贺；五月五日端午节句诸臣参贺，献柏饼⑥，并供奉铠甲和粽子；七月七日七夕时，在四脚的桌子上竖立带有叶子的竹子，放上瓜和桃等，在竹子上挂上彩色的纸和"短册"⑦祈愿；八月十五日将军在庭院设赏月宴，并向宫中献仙鹤；九月九日诸臣祝贺，赏菊。

江户时代是庶民文化隆盛时期，民间年中行事与宫中、幕府均有一

---

① 节供：从中国传来的正月等传统节日在平安时代被称为"节供"，《西宫记》卷四"七月七日内膳供御节供"，平安中期宫中、贵族的《九条年中行事》《小野宫年中行事》（《群书类从》）用"节供"。再从平安中期日记文学来看，平安中期已普遍使用"节供"一词。"节供"是指节日所供物品，并非指年中行事之日。镰仓时代初期《年中行事秘抄》中正月、三月三、五月五、七月七、九月九等处均记载着"供御节供事"，应仍然是指节日供物的意思。至室町时代已经由节日供物转为节日之意。江户初期用"节句"代替"节供"，五节句指人日（一月七日）、上巳（三月三日）、端午（五月五日）、七夕（七月七日）、重阳（九月九日），被江户幕府作为官方节日确定下来。

② "大文字送火"是每年8月16日在环绕京都盆地的群山的半山腰上，用篝火描绘出巨大文字的活动，是京都夏天的一道风景线。其中，大文字山的"大"字篝火、松崎西山与东山的"妙"字与"法"字篝火等都很有名。

③ 在九日采摘带有朝露的菊花抚肌肤，或前夜将棉布覆于菊花花蕾之上，翌日清晨以此棉布抚肌肤。

④ 日本将正月初次做的事情都加"初"字，"书初"就是新年第一次试笔。

⑤ 日本三月三日供奉桃花，故名桃之节句。

⑥ 用槲树的叶子包裹糯米糕，称之为"柏饼"。

⑦ 长方形的纸笺，上面写上祈愿的话，向二星祈愿。

些不同的要素。正月门口竖立门松①，门上悬挂注连绳②，供奉镜饼③、蜜柑等物；元旦吃"杂煮"④"新年料理"（おせち）等；二日诸事开始；七日七草粥；十五日小豆粥。三月上巳节句，从桃山时代⑤开始装饰"雏人偶"，供奉艾团子和五色菱饼。五月五日端午节句屋檐下悬挂菖蒲，门前放上自制的铠甲、矛枪、旗帜等，洗菖蒲浴，吃粽子等，悬挂鲤鱼旗，小孩玩"菖蒲打"和"印地打"⑥。七月七日七夕这一天，将和歌写在梶叶上顺水漂走，吃素面，庭院竖立两根竹竿，上面横着绑上竹竿，挂上五色丝，下面的桌子上摆放瓜果梨桃茄子等，江户末期五色丝变成了五色纸，将"短册"挂在笹上，竖在门外，七夕之后将这些装饰全部顺水漂走。七月十五日盂兰盆节家家设置佛坛，招来僧侣为祖先超度，十四日"迎火"，十六日"送火"，⑦跳"盆踊"⑧。八月十五日中秋观月，供奉团子、小芋、神酒、灯明，举行家宴，作和歌和俳句。九月九日喝菊花酒。

  社寺作为当时的娱乐机关，其年中行事与民众生活结合，信仰反而被仪式活动支配，颇有意思。

  奈良至平安时代因资料的限制几乎都是宫中和上流贵族的年中行事记载，中世（一般指镰仓时代至江户时代成立这一时期）以后个人的记

---

  ① 由松枝、竹子和梅花一起组合成"门松"，正月时放在大门两侧。据说神灵会寄宿在门松上，挂上门松是为了将年神请进家中。

  ② 注连绳是秸秆绳索上有白色"之"字形御币「ごへい」（gohei）。它表示神圣物品的界限，常常挂在神社鸟居门上，有时也悬挂在神树和石头附近等处。在礼节仪式上，最高级别的相扑摔跤手也佩带与注连绳相似的绳索。

  ③ 镜饼是指供奉给神灵的扁圆形的年糕，日本的家庭在过新年的时候装饰在家中，祈求新的一年一切顺利平安。

  ④ 煮年糕汤，用年糕和肉、菜合煮的一种食品。

  ⑤ 安土桃山时代（1573—1603年）的命名缘于当时的统治者织田信长、丰臣秀吉所在居城的地名而来，这个时代的文化被称为桃山文化（或安土桃山文化）。织田信长纵横驰骋的时代，被称为"安土时代"。丰臣秀吉则在摄津国建造大坂城，其宏伟辉煌比之安土城更有过之而无不及。后来他还试图在京都附近的伏见地方筑造一座更大的城池，但没等造好就去世了，因为此地密植桃树，故此他所统治的时代被称为"桃山时代"。

  ⑥ "菖蒲打"即用菖蒲根打地。"印地打"是投石游戏，分成两组，用石头投掷互打。

  ⑦ 十四日迎接祖先的灵魂，在门前焚火，十六日送走祖先的灵魂，在门前焚火，后改为在山上焚火，京都"大文字"送火最有名。

  ⑧ 盂兰盆舞蹈。

录、日记、纪行文等增加，因而得以知道畿内①以外的其他地域与阶层的行事，但也仅限于城市地区和地方上有识者之间流传的行事。江户时代之前的宫廷及贵族因为尊重传统，年中行事的本土化过程较大程度上保留着唐风遗韵。江户时代是日本庶民文化兴盛的时代，是年中行事平民化的转折时期。年中行事在这一时期基本上完成本土化的脱胎，完全平民化。

从日本年中行事的变迁来看，正月、三月三日、五月五日、七月七日、盂兰盆节等节日基本上是在上层社会流传的，农村地区多是配合农耕的一些预祝或收获等活动，这些年中行事至江户时代作为平民化的城市民俗，逐渐向农村渗透。

第二节　城市化进程概观

1. 早期城市化

日本近代城市的发展始于城下町②的形成时期，这一时期从织丰时代③开始到江户④初期，即 16 世纪后半期至 17 世纪前半期。⑤ 江户初期的 1615 年，幕府下达"一国一城令⑥"，确立了以城下町为中心的藩体制，与其对应的城市体制同时形成。城下町作为各藩大名的居住之所，建城的目的是坚固城墙，即坚固住所。至日本战国⑦前期为止的大名城都是小规模的战斗单位防御之所，一般都是建在山顶的位置，形成依山而傍的要塞地形，山脚由家臣聚落围拢，以此为中心形成城下町。城下町建设

---

① 指离京都比较近的五国，山城、大和、河内、和泉、摄津。
② 日本城市形态之一，是以领主居城为中心形成的城市。
③ 因安土桃山时代的主要掌权者是织田信长和丰臣秀吉，所以，这一时代又被称为"织丰时代"。
④ 1603—1868 年，德川将军家统治日本的时期，又称德川幕府时期。
⑤ 早期城市化和明治大正时期城市化内容主要参考了森川洋『日本の都市化と都市システム』中的第二部分，都市化にもとづく都市システムの形成。森川洋：『日本の都市化と都市システム』、大明堂发行、1998 年 1 月、第 9 – 21 页。
⑥ 1615 年 8 月 7 日，江户幕府制定的法令。只留下大名居住的一国（指大名的藩地）或政厅作为城郭，其余的城池均为废城。
⑦ 日本战国时期一般指日本室町幕府后期到安土桃山时代的这段历史。一般以 1467 年的应仁之乱为起点，到 1615 年丰臣秀吉灭亡为止。

之初是以军事要因为第一位，再加上商业交通等主要因素而形成。一国一城令法令的实施，则更加强调了这种城市体制的政治因素，并非以经济发展为核心。

事实上，日本除了城下町以外，阵屋町①、在町②、宿场町③、港町④、门前町⑤、市场町等也逐渐成长，虽然也形成了规模不等的城市，然而，却很少能够超越城下町。城下町作为日本近代城市的主要类型，主导着日本近代以来城市的发展和变迁。

18世纪前半期，从城市人口来看，1万人以上的城市大约60个，除了近畿⑥比较稠密以外，全国分布较为均匀。其中，江户（今东京）人口110万，京都和大阪人口约40万，大藩的城下町，如金泽和名古屋大约10万人，其余的如仙台、冈山、广岛、熊本、鹿儿岛等城下町大约5万人。当时全国城市体系是以江户为中心的首位卓越型的城市规模分布，江户和其他的城下町之间有着较大的差异。近代以前的江户人口超过100万，可以说世界稀有。

从明治13年（1880）《共武政表》⑦的城市分布可以看出，城下町是构成城市体系的主要框架。城市密度依赖于农业，平原地区城市密度较高。从物资的流动来看，服装等生活用品由江户和大阪流向地方，大米以及地方特产由地方集中到江户、大阪等地。因当时的陆上交通并不发达，主要依赖水上交通，港町占有重要的地位。

城下町被周边农民视为中心地，拥有特权的城下町商人的商业活动

---

① 江户时代城市形态之一。以该地区的行政中心设施阵屋或代官所为中心。
② 日本近世城市、町、村有着严格的法律区分。在町指虽处于农村地域，实质是以町的实态来活动的地区。又称乡町、町分、町场、町村等。
③ 江户时代以驿站为中心发展起来的城市。
④ 以海岸、湖岸、河岸为中心作为交通和物产集散地发展起来的城市。
⑤ 是一种日本的城市发展概念，意指在寺庙、神社等宗教建筑周边形成的市街、聚落。在参拜信众众多的寺庙门前，聚集以社寺人员及香客为服务对象的商店与小工厂，逐渐形成一个发展中心。
⑥ 近畿地区位于本州中部的西侧，是日本第二大重要工业区，日本西部的商业中心。一般指京都府、滋贺县、奈良县、三重县、和歌山县、兵库县等2府5县。有时加入福井县或德岛县。
⑦ 陆军省（1980）：『共武政表』明治13年。这是日本陆军省为编纂全国地理图志而做。森川洋：『日本の都市化と都市システム』、大明堂发行、1998年1月、第11頁。

可以延伸至农村地区。城下町从周边农村获取食物、燃料等生活必需物资，然而，作为回报，城下町却没有给周边农村充分的城市服务。由此可以看出，以城下町发展起来的城市对周边农村具有依赖性与寄生性。

2. 明治大正时期的城市化发展

明治维新提出了"富国强兵，殖产兴业，文明开化"的改革目标。经济上推行"殖产兴业"，学习欧美技术，进行工业化浪潮，并且提倡"文明开化"，社会生活欧洲化，大力发展教育等。这次改革是日本近代化的开端，日本由此成为亚洲第一个走上工业化道路的国家，并迅速崛起，跻身于世界强国之列。

明治时期商业开放，旧藩士从城下町离散，城市在自由竞争的基础上作为物资集散地的作用得以强化。对于当时的农业社会而言，城市是农产品、手工业品的流通中心，城市作为中心地供给周边农村地域的城市服务超越今天，具有重要的作用。地方城市基本都是依赖于周边农村形成，城市之间的关系与现在相比并不紧密。

19世纪后半期，明治维新展开的同时，日本近代城市出现。19世纪后半期之后，日本国民国家形成，近代化产业化推进。1890年全国人口4096万，都市人口561万，占13.7%。农村人口与城市人口逆转是在1960年以后。1890年，日本城市人口超过10万的有6个（如大阪、京都），东京人口已经超过100万。伴随着产业化的城市化是近代日本的基本趋势，农村人口向城市移动，不仅形成了城市社会，农村社会也发生了很大的变化。①

城市内聚集了四面八方来的人，人际关系规则、城市生活样式、城市生活节律（秩序）等逐渐形成，以家庭、地域为中心的各种层次的社会结合形成。随之，城市空间也具备了多样性和多重性的特征。这一时期，城市内部、城市间、城市与农村之间的人口流动开始频繁。

19世纪后半期形成的近代城市，政治、经济等占主要因素。明治维新促使封建社会解体，动摇了城下町、阵屋町、在町的封建城市样态，以及宿场町、港町、门前町等封建城市网的存在基础。代之而起的是首

---

① 成田龍一：『都市と民衆』［近代日本の軌跡（9）］、吉川弘文館、1993年12月、第4頁。

都、县厅所在地、港湾城市或产业城市等新型城市出现，形成了近代城市网的基础。①

明治 10—20 年代（1877—1887 年）国道、县道改修，开始铺设铁路，改变了之前主要依靠水路的交通状况。1890 年日本城市的变化主要表现在以下几个方面：第一，水运向陆运转变，港町或水运要地发展停滞，铁路要地城市出现；第二，军事设施发展，军事城市出现；第三，工业城市出现，促使农村人口向城市移动。

1886 年至 1910 年，日本产业革命自上而下展开。产业革命促使日本工业化展开，促动这一时期日本城市的发展。一是原有城市（包括城下町）的发展，如东京、大阪、横滨、神户等，基本都脱掉了原有城市的特征，经济性日益增强，成为日本重要的工商业城市；二是因特殊的地理条件、经济条件形成的一些新兴的工商业城市，如以港口和造船业闻名的长崎，因开发北海道而兴起的以玻璃制造著名的工业城市旭川、钢铁城室兰和煤炭城夕张等；三是在农村出现大量的工业城镇。这一时期城市的发展，使得日本城镇数量大增。据矢崎武夫统计，1898 年至 1918 年，5 万人以下的城市从 213 个发展到 510 个，5 万人至 10 万人的城市从 12 个增加到 31 个，10 万人以上的城市从 8 个增加到 16 个。由于日本近代工业主要集中在四大工业地带，故日本的城市也主要集中在四个大工业地带，导致城市分布得不均衡。②

明治维新以后极速发展的近代化过程中，以中心地功能为中心的城市集团，向中枢管理功能为中心的城市类型过渡。明治时期的全国性商品流通，大规模的城市批发销售，以及全国主要城市的支店网的发达等，与现在相比，有显著的差异。

3. 第二次世界大战前与战时的城市化发展

进入 20 世纪，日本城市化极速发展，1908 年（明治 41 年）东京人口 219 万，大阪 123 万，京都、名古屋、神户、横滨等几大都市的人口都超过 30 万，超过 5 万的 29 个。1900 年至 1935 年前后，城市空间展开有

---

① 成田龍一：『都市と民衆』［近代日本の軌跡（9）］、吉川弘文館、1993 年 12 月、第 7 頁。

② 马约生：《日本早期城市化及其社会影响》，《日本研究》2003 年第 2 期。

以下几个特点：①大城市化进行；②工业城市跃进；③工业城市的网络集约空间工业地带形成。从经济学的观点来看，特别是20世纪20年代至30年代战争期间可以作为"第一次城市化"来把握。[1]

这一时期的东京大城市化显著，市部呈饱和状态，人口进入郡部[2]，1925年（大正14年）与市部邻接的五郡人口逆转。交通随之发展，东京横滨电铁、目黑蒲田电铁等郊外私铁发展迅速。1932年（昭和7年），邻接东京的5郡82村合并为"大东京"。这一时期的城市空间的进程，可以说是现代主义空间的渗透过程，现代主义是城市的世界性体验，美国化特征明显，大众文化流入迅速。

产业革命促使城市生长，特别是使得大阪府、兵库县、东京府等大城市人口集中，也使得产业结构发生变化。日本第一次国情调查在1920年，第一产业比例为53.8%，第二产业20.5%，第三产业23.7%。第一产业比1974年的77.8%低24%。20世纪20年代后半期至30年代，日本城市体系发展过程有着重大的转机，银行、电力公司、报社等根据社会经济形势变化以及国策的制定，重新组合或配置支店，将基地移到更大的城市，将功能集中到县厅城市或中心城市。20世纪30年代后半期至40年代，根据报社统一整合，报纸达到"一县一纸"的原则。同时，电力公司、军队组织、高等教育等机关的设置对中心城市的发展也做出了极大的贡献。[3]

1931年"九一八"事变以后，日本进入了全面侵华的战前与战时体制。这一体制对于日本城市的发展有着重大的影响。1940年，人口超过10万的城市有45个。很多城市因军需工场而发展，从而也促进了城市化的进程，东京多摩川下游的大森区、品川区的南部以及三多摩地域，大阪临海部的大正区、新淀川沿岸、东西淀川区，因为军需工场的开发，都成为人口密度低、城市化发展中的地域。[4] 重化学工业化，使得东京、

---

[1] 成田龍一：『都市と民衆』［近代日本の軌跡（9）］、吉川弘文館、1993年12月、第21—22頁。
[2] 属于郡管辖的地区，农村地域。
[3] 森川洋：『日本の都市化と都市システム』、大明堂発行、1998年1月、第22頁。
[4] 成田龍一：『都市と民衆』［近代日本の軌跡（9）］、吉川弘文館、1993年12月、第41頁。

大阪等大城市人口集中，都超过了 100 万，东京人口 678 万，大阪人口 325 万（1940），成为超大城市化（巨大城市化）的城市。

1935 年前后，城市空间展开有如下三点。第一，防空意识强烈。1937 年制定的防空法从防空方面对城市规划加以设置，如东京从 1933 年开始为抑制市街地化，同时为市民娱乐而设置了绿地，根据防空法，绿地被确定作为防空的空地；市内的 591 个小公园也并非是为生活环境所设，而是高射炮阵地的配置计划。第二，重视首都计划。东京作为皇居所在地，政府官厅、各种统制机关、生活必需品的配给机关以及外国公使馆所在地的特殊空间，所表现出来的"皇都"，不仅是大都市，也意味着是"神国日本的首都""大东亚指导国的首都"等象征的存在。第三，和海外殖民地以及占领地的城市联系加强。神社和游廓[1]成为日本殖民地城市的象征，城市化方向由宗主国恣意统御。[2] 1940 年（昭和 15 年）日本提出"大东亚共荣圈"的构想，随后 5.4 万人移住海外，成为至今为止移住规模中人数最多的一年，这其中，大部分是移住满洲的"开拓民"。[3]

战前与战中期间，日本城市内部流动加强，军需品生产增大，民需产业被调整，中小企业成了军需工场的承包者并被连锁化。1939 年（昭和 14 年），因征兵劳动力不足，昭和政府下达国民征用令，征用工和女子挺身队进入劳动工场，人员流动更加频繁。

战时体制下的城市空间形成划一化和平均化。城市作为消费和生活的场所、地域的组织、祝祭的空间等，都是在特定组织的参与下，形成了空间制度化的推进主体。1940 年以后实施票证制和配给制，"消费"成

---

[1] 古时的日本妓女叫"游女"，妓院的所在地叫"游廓"或"游廊"，妓院的群集地叫"游里"。"游"字在日语里指游戏或玩儿，"女游"便是玩女人。游廓（ゆうかく）是集中官方认可的游女屋，以围墙、水沟等所围包的区划。集中成一区划的目的是便于治安、风纪的管理。

[2] 成田龍一：『都市と民衆』（近代日本の軌跡（9））、吉川弘文館、1993 年 12 月、第 42—44 頁。

[3] 早在 1936 年 5 月，日本关东军就制订了所谓的"满洲农业移民百万户移住计划"。之后，大批日本农业贫民源源不断地涌入中国东北，成为"日本开拓团"。据不完全统计，日本在侵占中国东北期间，共派遣开拓团 860 多个、33 万多人。"开拓团"强占或以极低的价格强迫收购中国人的土地，然后再租给中国农民耕种，从而使 500 万中国农民失去土地，四处流离或在日本组建的 12000 多个"集团部落"中忍饥受寒，其间冻饿而死的人无法计数。

了人们的日常行为，政府以国民统合的手段，使大众社会的消费以统合化制度的形式固定下来。

综上所述，日本近代化城市的发展可以分为如下几个时期来理解。1860—1900年为日本城市发展第一期，近代城市模型基本形成，新型城市体系启动；1900—1920年为日本城市发展第二期，城市展开并向外延扩展；1920年后半期至1950年是日本城市发展第三期，其中，1935年是这一期城市发展的顶点，其特点是在第二期提出的基础上，以战争为核心并制度化。第三期的城市发展，也是连接现代城市空间构成的胚胎时期。

4. 第二次世界大战后的城市发展①

第二次世界大战后的50—70年代，日本进入了快速恢复增长期，城镇化发展迅速。日本战后在美国的帮助下，经济复苏，工业化快速发展，带动城镇化发展。主要表现为城市数量的增长，城镇人口的增加，1970年日本城镇化率达到71%，GNP达到1960亿美元，城市数量达到588个。60年代，东京、大阪、名古屋三大都市圈开始形成。这一阶段，工业化是日本城镇化发展的绝对原动力。

20世纪80年代开始，日本已经全面进入城市时代，以大城市的集中发展为代表，城市化体现稳定向前推进态势。到2000年，日本城市化水平为78.7%，30年来，城市化水平仅仅提高了7%，由此可知，城市化水平的提高不再是城市化发展的重点。日本居民逐渐转移到中心城市周边的卫星城，大城市郊区化发展速度增快。90年代以来，第三产业成为日本城市化发展的新动力。

2011年，日本城市化已经达到91.3%，远远高于亚洲平均水平的55.6%。这一阶段的城镇化发展主要呈现出"城市病"日渐突出的态势。2010年日本第三产业从业人数已达到66.5%，基本取代了传统工业对城镇化的动力地位。信息技术、金融服务、文化产业、旅游产业等发展，支撑着日本城镇化的持续增长。

---

① 第二次世界大战后的城市发展部分参考了徐嘉论文。参见徐嘉《日本城镇化经验教训对吉林省城镇化建设的启示》，《国际经济》2013年第11期。

第三节　东京的地理沿革和历史记忆

东京位于日本本州岛东部，地处关东平原，面向东京湾，与神奈川县、埼玉县、千叶县、山梨县相邻。除了日本本土上的区域，在正式行政区划上还要再加上小笠原诸岛与伊豆诸岛等离岛。东京总面积为2162平方公里，包括23个特别区、26个市、5个町和8个村，并与周边的千叶、神奈川、埼玉等县构成"首都圈"，铁路和公路以东京为中心呈放射状射向各地，是日本政治、经济中心，也是教育和文化中心，60%的大公司和1/3的银行集中于此。东京各特别区、市、町、村皆设有独立的行政役所，东京都厅位于西新宿。目前东京都内约有1328万人口（相当于全日本的1/10），整个东京都会区（包括横滨、埼玉等周边城区相连的卫星都市）总人口高达3700万，是全球最大的都市区和都会区，约等于纽约都会区加伦敦都会区、或纽约都会区加巴黎都会区人口的总和。2013年4月"世界城市区域研究"（Demographia World Urban Areas）发布第9届调查报告显示东京是全世界人口最多的都会区。东京在2014年全球城市指数排名第四位（亚洲第一位），也是全球第三大金融中心，仅次于纽约与伦敦。[1]

东京旧名江户，其名称来自1457年筑城江户城[2]。江户城的建造，是由武藏国川越（现在的埼玉县）的城主上杉定正奉京都足利幕府的命令，下令家臣太田道灌督办完成。据说在选择地点的时候，太田一眼就看中了这一片虽是潮湿地带，四周却被山和海所环绕的关东平原，于是就在今天的皇居一带建造了江户城（"江户"即"河口"之意，起源于隅田川流入当时称为"江户湾"的东京湾）。[3] 之后日本历史进入各地武将间连年征战的战国时期。自德川家康1590年入主江户，于1603年开创

---

[1] 参照東京ウィキペディアフリー百科事典 http：//ja.wikipedia.org/wiki/東京。

[2] 位于现在东京的千代田区，总构周围约4里，是日本最大面积的城郭。德川家的居城、德川幕府的政厅，明治维新后奠都的宫城，为皇居至今。

[3] 東京都旧区史叢刊：『本郷区史』、臨川書店刊、1937年2月、第48—52頁。

第一章　年中行事、城市化概观与东京概况　　31

德川幕府开始，江户成为日本的政治中心城市。①

　　1657 年，明历大火②促使入府江户五十几年的德川幕府重新对江户进行城市规划改造，江户也因这场大火获得了重生的机会。③ 经过城市规划，江户人口增加，其中，占总人口 10% 的武士在江户有一半左右。非生产者的武士人口增加使得江户向消费城市转变，各藩的物资聚集到江户，商人紧随其后来到江户，江户的流通网随之产生。同时，江户也逐渐成为文化吸收、再构成与向地方传播之地，成为文化市场。政治、经济、文化等发展促使江户的范围逐渐扩大，大火之前江户城外护城河内侧 300 町④，大火之后的 17 世纪后半期至 18 世纪中期，江户周边逐步市街化，达到 933 町。居住地按照身份不同，分为武家地、寺社地、町人⑤地。

　　江户近郊南北狭长的多摩地区在日本的战国期间属于北条氏⑥，其本城从小田原城到八王子城为中心，1590 年北条氏灭亡后，由新领主德川控制。随着支配体制的再编，以高井户宿（现杉并区）、上布田宿（现调布市）等地为中心的宿场町⑦开始发展。江户西郊武藏野台地中央流淌着玉川上水，水资源丰富，农业发达，在各个时代均受到重视。该地区所生产的蔬菜和小麦等农产品，供应江户消费所需。西多摩地区属于山区，

---

　　①　藤野敦：『東京都の誕生』（歴史文化ライブラリー 135）、吉川弘文館、2002 年 2 月、第 6—8 頁。
　　②　明历大火：发生于日本明历 3 年正月十八日到正月二十日之间，是日本史上仅次于东京大空袭、关东大地震外最惨重的灾难。同时与伦敦大火、罗马大火并称世界三大火灾。1607 年正月十八日，大火从本乡丸山本妙寺起火，强风使火势瞬间蔓延，烧过日本桥，越过隅田川，由北向南，向东，全部烧尽。数万人丧生，被火逼得跳河、跳海溺死，冻死者无数，火势在第二天才被扑灭。结果刚刚扑灭这边的大火，仅过了几个小时，起火的西侧再度起火，大火南下蔓延，至日比谷、新桥，很多人被烧死。两次大火，使江户化为灰烬。藤野敦：『東京都の誕生』（歴史文化ライブラリー 135）、吉川弘文館、2002 年 2 月、第 9—10 頁。
　　③　当时江户极速发展，人口增加，住居过密，卫生条件恶化，治安极差，城市的功能已经达到极限，原来以军事优先的城市规划已经无法承担此时的城市发展需求。
　　④　町：日本的面积单位，1 町 = 10 反 = 3000 坪，约 9917 平方米，约等于一公顷。
　　⑤　町人：江户时代城市商人、工业者的总称，占江户总人口的 50%，生活空间仅占 15%。
　　⑥　北条氏：伊豆国（现伊豆诸岛）出身的豪族，镰仓幕府时期成为掌权世袭一族，其子孙在明治时代被赐予男爵。ウィキペディアフリー百科事典、http://ja.wikipedia.org/wiki/北条氏。
　　⑦　宿场町：江户时代以驿站为中心发展起来的城镇。

作为薪炭、建筑用木材、绢丝等生产地，与江户紧密相连。江户东侧的葛西地域属于河流纵横的低湿地带，水田发达，供给江户稻米和蔬菜。

1867年10月14日，江户幕府第十五代将军德川庆喜在京都二条城宣布"大政奉还"，持续265年的江户幕府统治结束。明治天皇颁布《王政复古令》，废除幕府，标志着日本进入明治新政府时代。1868年7月17日江户改称东京，显示了"奠都"的地位。由于考虑到保守派和京都市民的反对，诏书没有明确使用迁都和定东京为日本首都的字眼，这样在东西两都①的方针下，东京诞生了。1871年，明治政府废藩置县，设东京为东京府②。

1923年9月1日，日本史上最大的灾害——关东大地震③发生，东京死伤者无数，通信、交通等设施全部陷入混乱。灾害之后的复兴，主要对东京市街地大改造，这是江户时代以来最大规模的改造，道路扩张、区划整理等基础设施开始逐步建设。改造后的东京，呈现出"住在郊外，电车通勤"的现代都市工薪阶层的生活方式，随后逐步普及。

1943年，日本政府颁布法令，将东京市改为东京都，扩大了它的管辖范围。1944年11月24日开始，东京连续遭受美国空军集中轰炸，空袭回数在120次以上，东京市街地面积半数以上消失，死者达到14万人以上，无家可归的人不计其数。

1945年8月15日，日本战败投降。东京临时被美国占领和接收管制，战后复兴重建也同时着手。当然，因为现实的生存问题，东京的都市计划并没有能够完全按照原样实施。随后的朝鲜战争给日本带来了很重要的转机，日本成了美军后方的主要基地，除了与军事相关的领域，

---

① 东边指东京，西边指京都。
② 废藩置县，设一府十一县，东京为府。
③ 关东大地震（也称関东大震灾）是1923年9月1日日本关东地区发生的7.9级强烈地震。地震灾区包括东京、神奈川、千叶、静冈、山梨等地，地震造成15万人丧生，200多万人无家可归，财产损失65亿日元。据当时的报纸报道，处于饥饿状态的幸存者试图从池塘里和湖泊里抓鱼充饥，并排着两英里的长队等待着每天的定量口粮或每人一个饭团子。地震还导致霍乱流行。为此，东京都政府曾下令戒严，禁止人们进入这座城市，防止瘟疫流行。1996年9月16日，经日本鹿岛公司技术研究所等单位的精确计算后称，1923年发生的日本关东大地震，应为里氏8.1级。也就是说，地震规模比原来的说法要大一倍。ウィキペディアフリー百科事典，https：//ja.wikipedia.org/wiki/関東大震災。

还有其他后勤保障的吃、穿、用、医疗等，都给日本提供了广阔的经济发展机遇，将日本大多数行业都调动起来，这为日本经济腾飞奠定了坚实的发展基础（工、农、商、资金等）。同时，日本也快速走出了第二次世界大战战败后所带来的阴影。这一积淀和效用一直持续至越南战争，使日本又迎来了一个经济高速发展期。

战后，20世纪50年代中期开始至70年代，日本经济高速增长，农村人口向城市移动，农村人口过疏化，城市人口过密化，城市公害、居住环境恶化等问题频现。1962年，东京都人口突破1000万人，经济高度发展。1964年，东京成功举办奥运会，并在此之前开通了新干线和首都高速路，为今天的首都繁荣打下了基础。80年代中期，日本经济实力达到了顶峰，赶超时期基本结束，日本面临着由"赶超型"经济向与欧美国家处于同一水平线的"竞争型"经济转轨的严峻课题。实际上，日本的这一转轨时期是从90年代正式开始的，这是因为80年代末90年代初日本出现了"泡沫经济"。"泡沫经济"崩溃造成的大萧条，使日本的经济转轨更具复杂性和艰巨性。

东京迎来20世纪到现在，"一极集中"[①] 问题仍然没有得到很好的解决，均衡发展将是日本面临的一个很重要的课题。

---

① 东京"一极集中"指日本的政治、经济、文化、人口和社会资本、资源、活动等过度集中在首都圈（特别是东京）的这种状况。一旦发生地震等大灾害，损失将无法估量。

第 二 章

早期城市化中的年中行事传承与变迁

第一节 明治大正时期的社会背景

1868年1月，鸟羽伏见之战①使德川幕府被推翻，日本结束长达600多年的武士封建制度，建立近代第一个统一的中央集权政府。明治②政府提出"富国强兵、殖产兴业、文明开化"的口号，并于1871年派出以右大臣岩仓具视为首的大型使节团出访欧美，考察资本主义国家制度，学习西方先进的制度和现代科技，全面开展明治维新③运动。

明治维新通过一系列改革，完成了民族统一主义与西化改革运动。政治上，他们透过推行天皇亲政和推行议会政治合议的精神，力图建立仿效西方三权分立的新式政府，以求跻入西方列强之林；经济上则推动财政统一，稳定幕府后期严重负债的国家财政，并推行殖产兴业，学习欧美技术，进行工业化浪潮；对外关系上，除了推动废除与列强之间的不平等条约外，还积极开发虾夷地④和入侵琉球，展现出强硬的姿态，并

---

① 支持明治天皇的新政府军和幕府军的最后一战。
② 明治天皇是日本第122代天皇。明治年号取自《周易》，"圣人南面听天下，向明而治"。
③ 在当时此一改革运动称为"御一新"或"一新"，后世则以此为明治天皇时期的运动，称之为"明治维新"。
④ 虾夷地（えぞち）是日本江户时代对于虾夷人，即今日阿伊努人的居住之地的称呼，与大和民族居住的"和人地"相对。以现在的北海道（南部的渡岛半岛除外）为中心，包含桦太（库页岛）与千岛列岛等地。古时也被称为虾夷国（えぞのくに）。

为日后日韩合并的发展积极铺路。

在社会、文化、宗教、教育等方面，明治政府提倡"文明开化"，大力发展教育等措施。明治政府首先大力鼓励神道教，因为其宣扬忠于天皇的思想，对天皇统治国家有一定的帮助。为了进一步区分神道教与佛教（在明治时代之前，两者非常相似及接近），政府更下达了"神佛分离令"①，并于1873年，取消基督徒传教的禁令。② 历制上则停用阴历（最后使用的天保历），改用太阳历计日（年号除外）。改变夫妇别姓的传统，规定夫妇同姓，一般为妻从夫姓（入赘丈夫改妻姓）。提倡学习西方社会文化及习惯，翻译西方著作；实行六年制义务教育，将全国划分为8个大学区，各设1所大学，大学区下设32个中学区，各有1间中学，中学区下设210个小学区，每个小学区设8所小学。总计全国有8所公立大学，245所中学，53760所小学。教育机关颁布"教育敕语"，灌输孝道、忠君爱国等思想。选派留学生到英、美、法、德等先进国家留学。

维新后的日本，在近代化的道路上迅速崛起，在中日甲午战争③、日俄战争④中获胜，实现了废除与列强签订的不平等条约，在国际秩序中作为一个国民国家获得了一席之地，并跻身于列强行列。⑤ 同时，日本垄断

---

① 1868年3月28日，日本明治政府颁布"神佛分离令"，以禁止天皇所遵从的神令与佛教混合。却因误解引发"废佛毁释"运动，造成佛教遭受空前的迫害浩劫，大量佛寺佛像被毁，僧侣被强制还俗。相反，神祇官职逐渐上升，并形成神道国教主义。

② 日本在历史上（江户时代早期）曾有过规模浩大的反基督教行动，此后禁教一直持续到19世纪70年代，直到明治政府时期才解除对基督教的禁令。

③ 中日甲午战争为19世纪末日本侵略中国和朝鲜的战争。按中国干支纪年，战争爆发的1894年为甲午年，故称甲午战争（日本称日清战争，西方国家称第一次中日战争/Sino-Japanese War）。甲午战争以1894年（清光绪二十年）7月25日丰岛海战爆发为开端，至1895年4月17日《马关条约》签字结束。这场战争以中国战败、北洋水师全军覆没告终。中国清朝政府迫于日本军国主义的军事压力，签订了丧权辱国的不平等条约——《马关条约》。甲午战争的结果给中华民族带来空前严重的民族危机，大大加深了中国社会半殖民地化的程度；另一方面则使日本国力更为强大，得以跻身列强。

④ 是指1904年到1905年间，日本帝国与俄罗斯帝国为了侵占中国东北和朝鲜半岛，在中国东北的土地上进行的一场战争，以沙皇俄国的失败而告终。日俄战争促成日本在东北亚取得军事优势，并取得在朝鲜半岛、中国东北驻军的权力，令俄国的扩张受到阻挠。日俄战争的陆上战场是清朝本土的东北地区，而清朝政府却被逼迫宣布中立，甚至为这场战争专门划出一块交战区。

⑤ 奥田晴樹：『日本近代史概説』、弘文堂、2003年12月、第6頁。

资本迅速发展,并成长为亚洲唯一的帝国主义国家。

至于社会与文化方面的改变,随着留学欧美的知识分子(伊藤博文①、大隈重信②、新渡户稻造③等人)吸收并引入西方文化与典章制度,以及众多现代化事物的传入,"文明开化"的风潮逐渐形成,给原本传统而保守的日本社会带来了很大的影响。不只物质需求与生活习惯上出现西化,在教育系统与社会组织的广泛推行下,思想与观念上也逐渐有了现代化的倾向,例如守时、卫生等概念与西式礼仪方面的摄取;文艺上也有很大的影响,特别是现代文学与欧式风格建筑的影响巨大。

大正时代④是短暂而相对稳定的时期。因为有明治维新成果的铺垫,大正前期进入了明治维新以后前所未有的盛世。大正时代处在明治45年间和昭和63年间中间,是一个短命的时代。虽然只有14年半,但是在这期间,飞机飞上天,电车和巴士交相运行,都市中电力、煤气等逐步普及,通勤上班的人和女学生有所增加,电影、演剧、歌谣的世界里也吹进新风,是真正接近持续到今日的"生活近代化"的时代。⑤

在日本资本主义发展过程中,不论是在城市还是在农村,都逐渐形成一个新的中间阶层,即中产阶级。这一阶层在政治上反对当时的军阀

---

① 伊藤博文(1841.10.16—1909.10.26)日本长州(今山口县西北部)人。德川幕府末期长州藩士出身。幼名利助,字俊辅,号春亩,后改名博文。日本近代政治家,明治九元老中的一人,日本第一个内阁总理大臣,第一个枢密院议长,第一个贵族院院长,首任韩国总监,明治"宪法之父",立宪政友会的创始人,四次组阁,任期长达七年,任内发动了中日甲午战争,使日本登上了东亚头号强国的地位。官至从一位、大勋位、公爵。1909年10月,伊藤博文在哈尔滨遭朝鲜爱国义士安重根刺杀而身亡,死后日本为其举行国葬。他最大的贡献是草拟明治宪法和组织两院制议会。

② 大隈重信(1835.3.23—1924.7.2),明治时期政治家,财政改革家。日本第8任和第17任内阁总理大臣(首相),明治维新的志士之一,早稻田大学的创始人。

③ 新渡户稻造(1862.9.1—1933.10.15),出生于日本岩手县盛冈市,父亲是南部藩士。国际政治活动家、农学家、教育家。札幌农学校(今北海道大学)毕业。曾担任国际联盟副事务长,也是东京女子大学的创立者。他是1984年到2004年间流通使用的日本银行券5000日元的币面人物,《武士道》的作者。

④ 1912—1926年。明治天皇于明治45年(1912)7月30日驾崩,皇太子嘉仁亲王践祚,改元大正,是为大正天皇,自此,进入大正时代。"大正"一词出自《易经》第十九卦中的"临,刚浸而长。说而顺,刚中而应,大亨以正,天之道也"。大正这一年号过去曾四次被选为候补,于明治改元时被采用。按《大正天皇实录》,同时尚有"天兴""兴化"为元号后补,而采"大正"为用。

⑤ 汤沢雍彦:『大正期の家庭生活』、クレス出版、2008年8月、第1页。

官僚专制，要求实现政党政治，实施普选，从而形成大正民主主义运动。在此时代背景下产生的大正文化，带有鲜明的现代性，即主张确立近代自我，宣扬个人主义、理性主义，成为大正文化的基调。

第一次世界大战使得日本经济和社会加速膨胀，民族自觉浪潮兴盛，民主运动此起彼伏。20世纪10—20年代，近代日本站在重要的岔路口，在对构成"明治国家"的各种制度的审视与讨论的基础上，实施适合时代发展的各种制度改革。如：制定处理人口移动激化的寄留法（1914）、以改善劳动条件为目的的工场法的实施（1916）、市町村义务教育费国库负担法的制定（1918）、为充实高等教育扩大白领供给而实施的大学令的制定和高等学校令的改正（1918）、为促使膨胀的城市构造整备的都市计划法和市街地建筑物法以及地方小城市的道路法的制定（1919）、地方税制改革（1921）及其向市町村税移行（1926）等。[①] 这些制度改革虽然多数半途而废，没有完全实施，却为下一步发展打下了基础，也体现了"大正民主"之风。

第二节 早期城市化与大众生活方式的变化

确切而言，江户（东京）近郊城市化始于明治末期至大正年间，即19世纪末至20世纪初。明治维新以后，经过二十多年的发展，日本资本主义获得很大的进步，技术革新、交通发达以及工业化浪潮加速，近代化进程加快。日本乡下受到明治维新影响最强烈的是城市周边星罗棋布的村落，即被我们称为郊区的村落。下面以代代木[②]的城市化为例，来看这一时期的变化。

江户时代末期，代代木多是树林和竹林，百姓之家点点隐现在林间，江户时代的都市发展止于在代代木的附近。然而，从明治7年（1874）至12年（1879），铁轴和铁轮的载货车在全国普及以来，东京近郊的农村发生了很大的变化。原来用赤橡木做的载货车非常重，新的载货车因为轻快而颇受欢迎，用于运肥料、拉特产等，使得新型载货车获得极速

[①] 奥田晴樹：『日本近代史概説』、弘文堂、2003年12月、第6—7頁。
[②] 1889年存在的代代木村，现为东京都涩谷区北部的一个町名。

普及，这样一来，聚集蔬菜生产就成为可能，因而，新型载货车的出现具有划时代的意义。随后，道路获得整修，蔬菜生产长足发展。明治20年（1887—1896年），代代木又成为盛产茶叶的名所。从明治25年（1892）至明治35年（1902），蔬菜种植经营的发展也登上顶峰。明治35年（1902）市电（车）开通，住宅地建成，再加上博览会开设的传闻，地价高涨，从其他地方移住到这里的人激增。明治20年（1887）总户数173户，明治36年（1903）达330户，日俄战争（1904—1905年）之后增加到1400户。住民构成也发生了变化，明治39年（1906）至43年（1910）的四年之间，农户由原来的482户减少到207户，这其中光是栽培树木的农户由2户增加到65户，工业由27户增加到217户，商业由34户增加到220户。人口的增加与林地减少，以及宅地增加相对应。原有的农家模仿移住者住宅以瓦覆盖屋顶建房，茅草屋顶的住宅日趋减少。移住者与原住民无法亲密，他们对村里的事务表现冷淡，对于消防事务也不出手，移住者和原住民的关系非常紧张。① 十年后，大正3年（1914），代代木俨然已经成了东京的一部分。田地被填埋，文化式住宅②的红屋顶相连，代替云雀之声和麦场打场农歌的是汽车的汽笛声，以前在村里挥动锄头的年轻人如今在公司上班，幼儿园、小学校建成，就学儿童大部分是在市中心通勤的工薪阶层家的孩子。以前因为喜欢闲静移住到此地的人们，现在渐渐想寻找到第二个闲静之地。仅仅十年，住民户数增加了5倍。这样异常的城市化现象在大正年间的东京近郊开始发生。③

代代木的变化正是反映日本早期城市化中城市周边农村的变化过程。农家兼职化、农地住宅化、农业经营多样化等，以农业构造变化为基准，东京近郊逐步开始城市化。以代代木为代表的东京近郊的城市化，反映了日本进入20世纪，日本城市呈现出极速膨胀的趋势。据称，当时城市名字之前流行冠以"大"字，如"大东京、大大阪、大名古屋、大横滨、

---

① 宮田登：『都市民俗論の課題』、未来社、1982年5月、第10—11頁。
② 文化式住宅是日本20世纪20年代以后流行的和洋折中的建筑，即在日式房子的基础上加上西式餐厅和应接间（会客厅）。传统上，日本人不用椅子，吃饭读书都在榻榻米上跪坐着进行。
③ 宮田登：『都市民俗論の課題』、未来社、1982年5月、第11頁。

大神户、大札幌"等，冠以"大"字，并非取其"伟大"之意，而是"膨胀"之意。（如下图①）以东京为例，"大东京"实际上包括已有的市街化的东京（市）和其一体化的周边町村。这种"大"的称呼直译自欧美诸国都市计划地域的称呼，如"大伦敦""大柏林"等。到了1930年，都市计划法实施随着中小城市的扩大普及全国。② 日本城市发展中的"大东京"的出现，也正体现了早期城市化的极速发展。

有关都市化出版的书封面

资料来源：上述三幅图剪切自《都史史料集成》（第五卷）扉页。

东京市近郊的"郊村"变化在20世纪最初的30年间，也就是明治后期经大正至昭和初期，如同代代木的变化一样此起彼伏地走向市街化的道路。随着"郊村"由纯农村完成向住宅地、商业地、工业地等变化，这些村子相继由"村"改称为"町"，从明治30年（1897）开始，数量逐年增加。③ 这也就意味着日本从19世纪末开始，城市化的进程逐渐加快。

---

① 東京都編：「ムラからマチへ　都市化の諸相①」『都史史料集成』（第五卷）、東京都公文書館、2007年3月、扉頁。
② 同上書、xxvi頁。
③ 同上書、xxviii頁。

城市化的过程中都市空间发生变化。特别是这一时期发生了关东大震灾，影响尤其深远。关东大震灾中150多万人受灾。随后100万人以上脱离东京市，移住近郊或关西。其中郡部至少有50万—60万人流入。当时的警视厅调查可知：大震灾后市内56.6万人与郡部2.6万人回到了原来的住所，其余的市内11.2万人与郡部2.6万人以朋友的关系住在一起，各自安定下来。有的在府、市以及警视厅，还有一些在富豪的资助下，住在简易的住宅里，市内8.3万人，郡部4000人，寺院以及其他的地方市内5000人，郡部500人，住在临时搭建的住房里。大震灾后职场恢复，人们选择确保安全且离着工作地近的居住地，开始向市郊大移动，震灾后的四个月，关于小学校的报道中，郡部小学校就学2.4万人，未就学的3900人，这些儿童跟随家人来到郡部居住。主要分布在西郊品川、世田谷、蒲田等地的丰多摩郡，东郊的南葛饰郡以及北郊的南足立郡相对较少。① 关东大震灾使得大量市民移住到郊外，郡部住宅激增，电车每日运送大量的乘客。白天市内通勤，晚上回到郊外的住宅，这样的"钟摆式"工作与生活的方式在这一时期基本定型。

都市空间变化引发生活变化。东京都市空间的变化主要发生在关东大地震之后的重建②，越泽明在《东京都市计划》一书中这样评价：都市改造的实现，帝都复兴事业（1924—1930年），灾害被烧掉的九成获得区划整理，这是世界城市史上史无前例的大规模的既成市街地的大改造。其结果是：市街地获得整备，主干线道路和生活道路四通八达，配置小公园，上下水道整备的街道形成。震灾的影响使得东京人的生活方式发生了变化。原来以富裕层为对象发展以来的百货店，贴上廉价的标签，吸引更多的人来购买。如三越、松屋、松坂屋等，休息日从郊外到市中

---

① 東京都百年史編集委員会：『東京百年史』（大正期）第四卷、『大都市への成長』、東京都出版、1972年3月、第1093—1128頁。

② 关东大震灾之前就有后藤新平（1920年12月—1923年4月期间东京市长）的著名"东京改造计划"，为实现新设以及扩充街路、改良下水道、修筑港湾等基础设施建设，十五年计划预算投入8亿日元。其改造并未仅限于基础设施，而是意味着将东京改造为世界都市。1923年9月1日，关东大震灾，东京改造计划直接转为帝都复兴事业。奥田晴樹：『日本近代史概説』、弘文堂、2003年12月、第106—109頁。

心来购物的阶层出现。① 由于都市空间变化以及交通的发达，使得近郊住居的人们享受周末购物、休闲、娱乐的城市生活方式成为可能并日常化。

随着近代化的进行，有产阶级中间出现洋风导入的"和洋折中"② 的文化住宅。明治中期，与此相应的开始使用石油炉子、煤气灯、椅子、桌子、玻璃杯等现代物品。明治 30 年（1904），东京市内家庭电灯和煤气灯各占一半。最终，电灯全部取代油灯大概是在大正中期以后。电器的使用使得人们的生活发生了很大的变化。东京郊外住宅地建设了"电器之家"的样板房，供人们选择居住。后藤新平③在 1924 年 10 月转当东京放送局总裁后，在广播演讲中提到：作为广播事业的职能包括文化机会均等、家庭生活的革新、教育的社会化、经济职能的灵活化等内容，其中，关于家庭革新，他说收音机能让一家围坐在一起，体会家庭生活的真趣味。④ 随后因为收音机廉价供给，在日本民众之间逐渐普及开来。以东京为中心，新时代到来，家电制品齐全的模范家庭生活文化向大众普及。换言之，以培养消费者大众为目标，以帝都东京为中心的消费社会形成。

20 世纪 20 年代，是日本大众社会的形成期。这一时期以新闻媒体的普及和大众文化形成为主要特征。以第一次世界大战为契机，日本的报纸购买数量激增，以《大阪每日新闻》为例，1910 年 16.6 万份，1930 年达到 97.9 万份。收音机收听签约人数增加，1925 年开始播放，最初

---

① 1870 年开始的铁道史，以国家和民营两立为主要特色，连接近郊和大都市的发展，成为高效（大量、频繁、高速驾驶）发展的必要手段。随着关东大震灾郊外人口移动的压力，民营铁路经营开始启动。季武嘉也：『大正社会と改造の潮流』（日本の時代史 24）、吉川弘文館、2004 年 5 月、第 196—197 頁。

② 和指日本，洋指西洋。

③ 日本的殖民地经营家，满铁的实际开创者。1857 年生于陆中国水泽，在德国取得医学博士学位，回国后在卫生局工作，后成为台湾民政长官，他把旧中国的保甲制度和新式的警察制度结合起来，很快恢复了当地的秩序，改革当地的土地所有制和税收制度，并改善公共卫生措施。他促进铁路、公路和港口建设，发展轻工业特别是糖厂，采用统一的货币和计量制度，以巩固日本人和日语在台湾的殖民统治地位。1900 年义和团运动爆发后，和儿玉袁谋出兵占领福建，被政府以准备不足阻止。1906 年出任满铁总裁，提倡新旧大陆对抗论，要日本联合俄国，将南满铁路、东清铁路和西伯利亚铁路连成一片，形成欧亚大铁路网，对抗美国铁路资本进入东亚。1908 年后任递信大臣、内务大臣、外务大臣和东京市长。1929 年病死。参照：ウィキペディア・フリー百科事典、https://ja.wikipedia.org/wiki/後藤新平。

④ 奥田晴樹：『日本近代史概説』、弘文堂、2003 年 12 月、第 109—110 頁。

25.8万人，普及率为2.1%，1934年197.9万人，普及率为15.5%。因为战争扩大使得收听人数增加。① 这个时期杂志数量增多，明治时期出版的《中央公论》支撑了这个时期的民主主义，增加了读者对社会问题的关注。另外，妇女杂志、少年少女杂志以及大众娱乐杂志也相继出版，扩大了读者的层次和人群。通过媒体宣传，阅读杂志或收听信息作为日本国民应该具备的生活方式。如《kinngu》，宣称一家一册，从著名人士的论说、成功案例、小说、讲谈、照相凹版图片到家庭心得等实用知识，甚至也刊载笑话幽默故事，几乎面向所有的阶层和年龄层，具有超越年龄、性别、职业、社会地位的国民杂志性质。该杂志强调：作为国际人的日本国民，除了注重立身出世和修养伦理以外，更要特别注重家庭的作用。强调家庭修养，强调培养更好的日本人，以奠定国家基础。②

明治以前，士工农商身份职能不同，着装和服饰也有着严格的限制。明治5年（1872）西洋式的官服确立。同时，出现以职能为分辨的制服，成为夸示集团归属的一种象征。明治初年欧化风潮导入，街上出现和洋混淆的奇妙的着装。比如：穿着洋服，梳着日式发髻；穿着和服，脚着皮鞋；等等。明治4年（1871）8月，政府下达剪发令。从政府要人开始，模仿明治天皇剪发，东京有75%的人剪发。日俄战争之后，在学生之间，洋装、手表和洋伞成为最时髦的象征。明治中后期，面包和西餐逐渐普及。

都市空间的扩大，交通发达，电器的使用和普及，信息获取便利以及衣食住行的西洋化，人们的生活方式发生了翻天覆地的变化。在东京周边，农家兼职化、农地住宅化、农业经营多样化等，显示出城市化进程的发展。以农业构造变化为基准，即以生业构造变化、生态性维度的变化样态为目标，以此与民俗的关联对照，探究带有传统性的生活样式民俗如何反映生业构造的变化，来捕捉城市化与民俗的关系。在传统性的生活样式中年中行事占据重要的位置，在城市化进程中如何得以维系、断裂或消减，是值得探讨的一个问题。

---

① 奥田晴樹：『日本近代史概説』、弘文堂、2003年12月、第112頁。
② 同上书、第116頁。

第三节　明治时期改历及其对年中行事的影响

日本南北狭长，自然变化多样，自古以来因生业不同而呈现的年中行事略显复杂。日本的年中行事，除了正月、盂兰盆节、三月三日等节日以外，还有一些和稻作农耕同一季节的播种或收获相关的祝日。这些节日大多数传承到现在，每年举行，给日本人的生活增添了情趣和快乐。

从中国传来的一些节日诸如正月、三月三日、五月五日、七月七日、盂兰盆节等，首先扎根并流传于上流社会，呈现出来的传承路线是由上流社会流向下层社会这样的特征。奈良至平安时代的资料几乎都限定在宫中和上流社会的贵族以及知识人之间，直到中世以后个人的记录、日记、纪行文等增加，才得以知道畿内①以外的广大地域与阶层的年中行事，但也仅限于城市和地方有识者之间流传的行事。贵族、知识人、上层武士、大城市居民、豪农、大社寺以外的庶民的年中行事，直到明治中后期以后，因《人类学杂志》《乡土研究》等杂志刊登了研究者们对各地农、山、渔村年中行事的采录和研究，才陆续被人所知。

"年中行事"用语来自于平安时代前期"年中行事障子"②，作为公事活动而出现。由此可见，年中行事在古代宫廷或贵族阶层中占有重要的位置，多在宫中和贵族间流传。年中行事类别要考虑到时代、地域、生业、阶层、宗教、公私等划分，如果再细分，可以分为平安时代上流公家、室町时代幕府、近世后期江户町人③等，近代主要是农山渔村部的年中行事。

受中国文化影响的日本古代宫廷社会自古以来就把正月、盂兰盆节、人日（一月七日）、上巳（三月三日）、端午（五月五日）、七夕（七月七日）、重阳（九月九日）等作为一年中最重要的节日，在宫中举行盛大

---

① "五畿"指京畿区域内的五个令制国，又称"畿内"或"五畿内"。具体指山城、大和、河内、和泉、摄津。畿内为日本帝都所在地。

② 见于平安时代前期的宫廷内的障子，上面写着宫廷内举行节庆活动的内容和日程（类似于今天的板报通知），以便于大臣们浏览。

③ 町人：城市居民。

的仪式活动，五节供①（也称五节句）作为一整套的节日体系向地方普及是在江户幕府成立以后。从中国传来的正月等年中行事在平安时代被称为"节供"②，镰仓时代初期《年中行事秘抄》中正月条记载着"供御节供事"，其余的三月三日、五月五日、七月七日、九月九日等处均记载着"供御节供事"字样，仍然指节日供物的意思。至室町时代"节供"一词已经由节日供物转为节日之意。江户初期用"节句"代替"节供"，五节句指人日（正月七日）、上巳（三月三日）、端午（五月五日）、七夕（七月七日）、重阳（九月九日），被江户幕府作为官方节日确定下来。自18世纪被法规条文采用并固定下来，五节供（五节句）等节日一直作为官方与民间的重要节日，每年举行相应的活动仪式。同时，作为江户时代城市民俗在町人间扎根并向农村社会渗透，逐渐被百姓接受。③ 江户时代作为民间年中行事诸节日的整备时期，是五节供（五节句）向地方渗透并固定的时期。至近代，正月、盂兰盆节，再加上五节供（五节句），基本构成了日本民间年中行事的骨骼。

　　明治时期是年中行事发生变动比较大的时期。首先，明治天皇实现了"王政复古"，通过中央集权制，将权力握于天皇手中。④ 其次，明治天皇实现明治维新，全面模仿吸收西洋文化。明治天皇在位45年期间，日本实现社会、经济、军事等多方面的发展，建立亚洲第一个资本主义国家，完成从帝国主义逐渐走上军国主义并称霸世界的道路。明治维新是日本兴盛和崛起的标志，也是日本的近代化转折时期的标志，从一开

---

① 人日（一月七日）、上巳（三月三日）、端午（五月五日）、七夕（七月七日）、重阳（九月九日），这五个节日被称为五节供。

② 《西宫记》卷四"七月七日内膳供御节供"，平安中期宫中、贵族的《九条年中行事》《小野宫年中行事》（《群书类从》）用"节供"。再从平安中期日记文学来看，平安中期已普遍使用"节供"一词。意指节日所供物品，并非指年中行事之日。

③ 江户时代的国学者兼旅行家菅江真澄在他的《真澄游览记》等一系列旅行日记里记载了这一时期（1800年前后）五节供在日本东北地区如何固定下来的内容。

④ 明治政府于明治22年（1889年）制定《大日本帝国宪法》（明治宪法），这部东亚首部现代成文宪法摹仿了普鲁士宪法的钦定宪法。明治宪法第一条规定："大日本帝国由万世一系的天皇统治之。"明治宪法系基于天皇主权的原理，由天皇总揽立法、司法、行政之统治权。此外，行政各部的官制、陆海军的统帅、宣战的公布、条约的缔结等，都属于天皇的大权。从此，天皇摇身一变，成为神圣不可侵犯的"神人"。在明治宪法下，皇室典范异于一般法律，与宪法同为最高法规。

始即确立了扫除旧制度建立新秩序的目标。

从明治元年（1868）至大正年间（1912—1926年）颁布的关于祝祭日的一系列布告敕令，可以看出明治至大正时期的政府对年中行事的规定而引发的传统节日存续状态的变化。

年＼内容	祝祭日内容
明治元年（1868）	布告明治天皇诞生日为天长节，并规定新尝祭、神尝祭、神武天皇祭为全国重要祭仪
明治3年（1870）3月27日	布告大正月（正月元日）、小正月（正月十五）、上巳节句（三月三日）、端午节句（五月五日）、七夕节句（七月十五日）、八朔田实节句（八月朔日）、重阳节句（九月九日）、天长节（九月二十二日）为全国祝祭日
明治5年（1872）11月15日	布告太阳历相对应的神武天皇即位日为国家纪元开始
明治6年（1873）1月4日	布告改历（由太阴历改为太阳历），废除人日、上巳、端午、七夕、重阳五节供，确定神武天皇即位日和天长节为今后的重要祝祭日
明治6年（1873）3月7日	将神武天皇即位日命名为纪元节。并将包含纪元节与天长节在内的历代天皇的祭日、有名大神社的祭日以及其他新尝祭等祝祭日按照太阳历的时间固定下来
明治6年（1873）10月14日	布告元始祭（1月3日）、新年宴会（1月5日）、孝明天皇祭（1月30日）、纪元节（2月11日）、神武天皇祭（4月3日）、神尝祭（9月17日）、天长节（11月3日）、新尝祭（11月23日）为公定休息日
明治11年（1878）	追加春季皇灵祭（春分日）、秋季皇灵祭（秋分日）为公定休息日
明治12年（1879）	将神尝祭日期由9月17日改为10月17日
大正元年（1912）9月4日	敕令元始祭（1月3日）、新年宴会（1月5日）、纪元节（2月11日）、春季皇灵祭（春分日）、神武天皇祭（4月3日）、明治天皇祭（7月30日）、天长节（8月31日）、秋季皇灵祭（秋分日）、天长节祝日（10月31日）、神尝祭（10月17日）、新尝祭（11月23日）为国民祝祭日

明治元年（1868）布告以明治天皇诞生日为必须祝贺的天长节①，和规定的新尝祭②、神尝祭③、神武天皇祭④一样，都具有浓厚的宫廷祭祀色彩。接着明治3年（1870）4月27日政府发布了布告：规定大正月（正月元日）、小正月（正月十五）、上巳节句（三月三日）、端午节句（五月五日）、七夕节句（七月十五日）、八朔田实节句（八月朔日）、重阳节句（九月九日）、天长节（九月二十二日）等为全国祝日。这些祝日除了天长节，其余的都是江户幕府或宫中常年传承下来的节日，当时在全国范围内已经有很大的影响。明治初年的节日设定，基本延续宫中或幕府传承已久的传统节日。

明治5年（1872）政府废除太阴历，采用太阳历，并在同年11月15日，太政官布告以太阳历领行相对应的神武天皇即位日定位为国家纪元。随后在明治6年（1873）1月4日，太政官布告第一号发布令，改历⑤，废除人日、上巳、端午、七夕、重阳五节供，确定神武天皇即位日和天长节。这一布告意味着明治政府不再公认之前被视为非常重要并持续传承下来的五节供，而只把传说中的初代天皇神武天皇的即位日和天长节作为祝日。同年3月7日又将神武天皇即位日命名为纪元节，并进一步将包含纪元节与天长节在内的历代天皇祭日、有名大神社的祭日以及其他如新尝祭等诸祭日、诸祝日等都在太阳历上进行了对应日期的固定。同年10月14日布告：公开确定了元始祭（1月3日）、新年宴会（1月5

---

① 日本天长节，来源于中国的唐朝，最初用于唐玄宗的生日，被称为"千秋节"，天宝年间改名为"天长节"，"天长"二字源于《老子》中"天长地久"一词，后流传到日本指代天皇的生日。天长节这种叫法源于奈良时代光仁天皇，之后曾废止了一段时间。维新政府又以四大节日之一的名目再次恢复，并在1873年正式成为国家的节庆。随着时代的不同，庆祝天皇诞生的日子也会随之不同，明治天皇时为11月3日，大正天皇为10月31日，昭和天皇时则为4月29日。1932年的时候在上海虹口举行天长节祝典时炸弹来袭，朝鲜司令官白川大将被炸死。因此，战后废止了天长节，但将之改名为天皇诞生日而一直持续至今。

② 日本的宫廷祭祀，大祭之一。11月23日，天皇将收获的五谷新谷献给天神地祇，以感谢神的护佑而获得的收获。

③ 日本的宫廷祭祀，大祭之一。9月17日，在伊势神宫举行，将收获的第一缕稻谷穗子献给天照大神。

④ 神武天皇是日本神话中第一代天皇，天照大神后裔，传说他建立最早的大和王权，为日本开国之祖与天皇之滥觞。神武天皇祭是皇宫祭祀之一，大日本宪法（1889年制定的宪法）规定的祭祀之一，每年的4月3日举行。

⑤ 历制上则停用阴历（最后使用的天保历），改用太阳历计日（年号除外）。

日)、孝明天皇祭（1月30日）、纪元节（2月11日）、神武天皇祭（4月3日）、神尝祭（9月17日）、天长节（11月3日）、新尝祭（11月23日）8个年中祝日、祭日为公定休息日。之后，在明治11年（1878）又追加了春季皇灵祭（春分日）和秋季皇灵祭（秋分日）。明治12年（1879），将神尝祭日期由9月17日改为10月17日。大概因为神尝祭属于五谷丰登的感谢祭，要将成熟的第一缕稻谷献给天照大神，而太阳历的九月稻谷还未成熟，因此做出时间上推迟一个月的调整。

据说明治改历在当时引起很大的论争，加之政府并没有对改历政策做一些宣传活动，持反对意见的人非常多，甚至有很多人认为明治改历很粗暴。因为改历牵动着社会的方方面面，比如最受直接影响的是传承已久的年中行事、惯习，以"季语"作为生命的诗歌俳句的世界，等等，季节感丧失，甚至影响到人们的生活。对于改历意见不一，针对有人认为改历会造成混乱，福泽谕吉撰写了《改历辨》①，肯定了改历的正当性。尽管如此，从改历的推行到民众完全接受却经历了相当长的一段时间。

福泽谕吉著《改历辨》初版

---

① 福澤諭吉：『改暦辨』、慶應義塾出版、1873年。

同时，明治政府接二连三地发布告颁布的新祝祭日，已经超越了当时一般国民的理解能力，为此政府也没有做出比较合理的彻底的解释，当然并没有如预想的那样，普通的民众并没有很顺畅地接受这些新的祝祭日。直到明治20年（1887），民众的生活基本没什么变化，在这些祝祭日里，布告里规定为休息日，实际按照布告休息庆祝的地区非常少。① 为此，政府真正积极做出祝祭日启蒙普及工作是在明治24年（1891），通过在小学祝日大祭祀仪式规定中实施。当时在寻常小学校三年级与四年级用的教科书里设定了关于祝日（新年、纪元节、天长节）、大祭日（元始祭、孝明天皇祭、春季皇灵祭、神武天皇祭、秋季皇灵祭、神尝祭、新尝祭）以及国旗的意义等课程内容。在教师用的参考书里则将国家比做家族，其中这样写道：正如家的诞生祝贺、祖先祭祀、村与町的祭礼一样，国家也有国家的祝祭。② 在小学课程里设置这样的内容，其目的明显在于通过仪礼和象征来强化皇室崇拜，是通过所谓的修身教科书，将市民道德上升为国民道德，以达到天皇中央集权制统治的目的。

至明治末年，政府确定的祝祭日如下：元始祭（1月3日）、新年宴会（1月5日）、孝明天皇祭（1月30日）、纪元节（2月11日）、春季皇灵祭（春分日）、神武天皇祭（4月3日）、秋季皇灵祭（秋分日）、神尝祭（10月17日）、天长节（11月3日）、新尝祭（11月23日）。这些节日，除了新年以外，其余的都和天皇有关的诸祭日以及神尝祭、新尝祭等宫廷行事密切相关。大正时期（1912—1926年），去掉孝明天皇祭（明治天皇父亲的祭日），增加了明治天皇祭，天长节变更为大正天皇的诞生日8月31日。因为8月31日正值盛夏，后推迟两个月举行。大正元年（1912）9月4日公布的敕令第19号［大正2年（1913）7月16日公布的敕令259号］祝日如下：元始祭（1月3日）、新年宴会（1月5日）、纪元节（2月11日）、春季皇灵祭（春分日）、神武天皇祭（4月3日）、明治天皇祭（7月30日）、天长节（8月31日）、秋季皇灵祭（秋分日）、天长节祝日（10月31日）、神尝祭（10月17日）、新尝祭（11

---

① 田中宣一：『年中行事の研究』、樱枫社、1992年7月、第224页。
② 季武嘉也：『大正社会と改造の潮流』（日本の時代史24）、吉川弘文馆、2004年5月、第241页。

月 23 日）①。这些祝祭日经过了大正时代，到昭和 23 年（1948）制定现行的"国民祝日相关法律"为止，持续了近 70 年。即天皇关联的诸祭加上神尝祭、新尝祭等为中心的近代日本祝祭日的基础确立以后，基本上没有什么大的变动，只限于天皇祭、天长节等时间上的细微调整。

明治政府关于祝祭日的规定，除了学校和政府部门以外，直到明治末期为止，都没有在国民的日常生活中固定下来。实际上，在地方旧历改良运动最盛期的明治 42 年（1909）为止，都是旧历并行记载。这正说明，从各地的实情来看，很难从民众的生活中去除旧历。从明治时代开始，经过大正时代，直到昭和 30 年（1955）前后旧历依然存在。

其实到现在，仍有一些节日，各地庆祝时间均有所不同，有的地方新历过，有的地方旧历过，或者推迟一个月的也有。如七夕祭，日本大部分地区都在新历的 7 月 7 日庆祝，有的地方在旧历过，如交野七夕祭（2014 年为止一直在旧历过七夕）、阿佐谷七夕祭等，有的地方推迟一个月举行，如有名的仙台七夕祭则在 8 月 7 日举行盛大的仪式。

第四节　早期城市化进程中的年中行事传承与变迁

江户作为德川幕府中心的城下町，由近世延至近代有二百多年的历史。1868 年，明治政府入主江户，原来德川幕府居住的江户城成了皇居所在地。明治政府将其更名为东京，此次更名是相对于西边的京都而言，为东边的京城之意。紧接着以皇城为中心的官厅街、政府高官的宅邸、军用地的建设等进展迅速，东京首都化急速发展。1871 年明治政府废藩置县，东京府成立，成了 3 府 72 县之首。明治政府为加强国内统治，采取了性急的中央集权政策，东京的首都化正是这些政策的集中反映。东京是明治政府所在地，理所当然是政治中心与外交发信地。同时东京作为国家财政所在地，亦是日本经济中心。文化方面，近代化的先端文化发自东京，西洋文化、学问首先由东京引进，消化之后再向地方扩散。东京聚集了众多的大学、研究所，成了书籍出版和报纸杂志刊发的中心。东京作为文化都市，代表着日本，是近代一百多年里的政治、外交、经

---

① 田中宣一：『年中行事の研究』、桜楓社、1992 年 7 月、第 220—221 頁。

济、文化等各个领域的问题、事件中心或者舞台。从东京一百多年的发展来看，东京的城市化进程是伴随着近代化的展开而展开，也是伴随着明治政府的中央集权制的加强而铺开。

明治初期，明治政府一方面积极由上而下推行"文明开化"，加速了近代化的进程，促进了城市化的发展；另一方面通过加强中央集权制度，以强化皇权统治。明治政府的皇权和西化奇妙结合，在对传统节日的存废规定上体现得尤为明显。1872年，明治政府采取太阳历，并于第二年废除五节供（一月七日、三月三日、五月五日、七月七日、九月九日），设立了纪元节、神武天皇祭、神尝祭、天长节、新尝祭等八个宫廷祭祀节日为国家法定祝祭日，并确定为年中公定休息日。五节供的废止以及制定新的祝祭日，于明治政府而言，目的是隔断以士族层为中心的幕藩制仪礼和习俗，从而达到"归一于天皇"，并使国民日常生活沿着天皇的统治而制定的方向。[①] 翻开《明治年中行事》一书，第二页写着大大的两个字——垂范，第三页写着大大的两个字——来裔，两页四个字合起来意即垂范于后世子孙之意。同书序言里提到要崇敬衰微已久的神祇祖宗，先向女子高等师范的学生们讲解祝祭日的由来，以正确地举行这些年中行事，并且年中行事仅限于这些祝祭日，以震皇国国风至千代万代。[②] 明治政府在年中行事方面的举措，外显透出对西洋文化特别是西洋历法的摄入，内化调整或消减存续已久的传统节日，以达到真正的中央集权统治目的。

明治政府在年中行事上做出的政策调整，民众的反应并没有完全顺从。地域不同，反应也有所不同，农村地区与城市地区有明显的差异。农村地区表现出了明显的"抵抗"，其原因有两个[③]：其一是太平洋战争前祝祭日的日期和绝大多数国民（特别是农民）的生活差距太大。因为农村年中行事的构成基本是依据春耕秋收的稻作农业节奏，再加上正月和盂兰盆节的活动居多。这些很难从农村民众的生活中剔除。还有，看上去与他们没有太大关系的五节供，在近世的长年累月中，与围绕五节

---

① 有泉贞夫：「明治国家と祝祭日」『歴史学研究』三四一、1968年10号。
② 細川潤次郎：『明治年中行事』、西川忠亮出版、1904年。
③ 田中宣一：『年中行事の研究』、桜楓社、1992年7月、第225頁。

供前后形成的农耕相关仪式活动融合到一起，早已牢固地扎根于社会之中。因此，以祖先崇拜和田神祭祀为背景，与四季变化和稻作周期相吻合传承下来的年中行事体系中，植入完全异质的天皇崇拜，对于国民而言，在实际生活层面上是难以接受的。其二是相对于依据太阳历制定的祝祭日而言，国民生活上依然依赖于旧历，因为旧历的月之盈亏和节日相对应，容易明白和记忆，并且经过长时间的流传，从日常生活中去除并没有那么容易，再加上新历的普及并不充分，使得明治政府的新历祝祭日并没有得到农村地区百姓的支持。

明治改历之所以引起民间的强烈"抵抗"，还有一个重要的原因，是新历和原有的节日在季节上的错位，导致原有的节日无法按照传统进行。在日本，五节供每一个都有别称，日本人认为正当季节的植物具有旺盛的生命力，并能驱除邪气，因而分别将这五个节日冠以"七草节供""桃花节供""菖蒲节供""笹节供""菊花节供"，节日当天，要使用这些植物举行一些仪式，以达到驱除邪气的目的，祈祷一年无病无灾，从而达到强身健体的效果。比如：正月七日喝七草粥，三月三日要供奉桃花，五月五日要洗菖蒲浴，七月七日要在笹上悬挂写着祝愿的五色纸，九月九日要喝菊花酒。如果新历时的1月1日没有七草，3月3日桃花还没有盛开，9月9日采摘不到菊花，就会导致两种结果：要么按照原来的时间进行，抵抗明治政府改历；要么改变节日的内容，改变传承已久的传统。七夕的青竹"笹"、端午的"菖蒲"虽然可以得到，但也与新历有着严重的矛盾。七夕（传统七月七日）相当于阳历8月10日前后，改为阳历7月7日以后，正值梅雨季，就会造成因降雨或阴天而看不到银河，有时连许愿竹与写着愿望的彩纸都被淋得一塌糊涂；端午（阴历五月五日）菖蒲节句，原本节日含义是在梅雨季节驱暑避毒，但是改到阳历5月5日以后，日本还没有正式进入梅雨季。就算勉强饰以菖蒲、药玉、续命索等节日风物，总有与季节错位之感。五月旧称皋月（さつき），词源来自于农耕，稻作之月。因为这个季节雨水充沛，适合插秧，故称。日本古典文学中经常出现的"五月雨""五月川"等，都指的是梅雨季的阴历五月，而非阳历五月。皋月晴朗，通常指的是梅雨季节间的晴朗。皋月，可以说是最富有日本文学美的时间之一。如此，民众难以抛却传统，来调和新历与民俗节令的季节错位矛盾，心理抵抗在所难免。

正月和盂兰盆节也一样面临这样的问题，曾经出现城市的新历盂兰盆节和农村推迟一个月盂兰盆节并立的情况。新历盂兰盆节的7月15日还在梅雨季，与此相比，孩子们放暑假的8月在氛围上更加接近旧历时代的盂兰盆，公司盛暑放假也和这个时间吻合，更加适合人们归乡祭祖，因而，推迟一个月的盂兰盆节（8月15日）更加符合人们的心意，从而固定下来，直到现在。

城市地区的反应没有农村地区那么强烈，最主要的原因是城市与农村的农事生活不同。城市是政府、学校、公司等部门集聚的地方，这些地方接受新祝祭日首先来自公休日。相对于城市而言，农村地区的休息日，更多地要契合农耕的节奏，取决于农耕的忙闲。因而，明治政府发布的新祝祭日这样的公休日，对于农村地区的人们而言，并没有什么实际的指导与实践意义。然而，城市化进程中的近郊，最容易受到城市影响，也会直接迅速地接受城市文化，故而，在这个问题的反应上略显复杂。随着明治维新与近代化的同步进行，东京郊区农家兼职化、农地住宅化、农业经营多样化等生业构造也发生着由浅入深的变化。因为郊区生业构造多样化，人们对明治政府规定的新祝祭日的态度也十分复杂。

当然，明治时期的"文明开化"已然浸润人们的生活，再以纯粹的江户生活样式来生活已经是不可能的了。其中，东京的生活变化最大，田山花袋在其《时间流逝》一书里记录了当时东京人的衣食住行以及生活意识的变化。近郊农村发生了很大的变化，代代木的经济革命引导了农具的大变革，进而形成了集约型蔬菜农业经营。同时，鹿鸣馆①的风俗等城市风俗也向农村地区扩布。《东京百年史》中记载了一个农家子结婚时的情景，可知文明西化对农村的影响。明治20年（1887）相模国②桥

---

① 鹿鸣馆建成于1883年（明治16年），是由英国建筑师乔赛亚·康德设计建造的一座砖式二层洋楼，整体建筑呈意大利文艺复兴式风格，兼有英国韵味。鹿鸣馆名称出自中国《诗经·小雅》中的《鹿鸣》篇"呦呦鹿鸣，食野之苹；我有嘉宾，鼓瑟吹笙"。樱州山人中井弘取"鹿鸣，燕群臣嘉宾也"之义而命名，意即迎宾会客之所。鹿鸣馆被称为"文明开化"的殿堂，是日本明治维新后在东京建的一所类似于沙龙的会馆，供改革西化后的达官贵人们聚会风雅的地方。由于来客都是日本近代化的栋梁型人物，因此，很多重要的政策都出自于鹿鸣馆。1941年，鹿鸣馆被拆毁。

② 相模国是古代日本令制国之一，属东海道，又称相州、湘州。相模国的领域大约为现在神奈川县（东北部分除外）。

本村富裕的农家之子相泽菊次郎婚礼之际，花费重金买西装三件套，并且为了买齐与之相关的物品，坐车到八王子购买。①

明治初期，东京近郊人们的日常生活发生着新旧交替的变化。在新旧混交之中，年中行事体现得最为典型。下表依据《东京百年史》② 第二卷中的"年中行事"内容而作。

年中行事名称	年中行事内容	变化
正月	元旦：看初日（一般去上野、汤岛等海边）；初次参拜（一般选择吉利的方向，也有去远一点的寺院，参拜人员艺人、商人居多） 第三天：吃杂煮（东京主要是加芋头、萝卜、青菜等） 六日是消防初次演习，八日是陆军观兵仪式，十六日是店里的工作人员归家休息日。 年初结束时间：商家元旦休息比较普遍，一般人家有三天就结束活动，也有七天的。 待客：在家等待会客比较普遍，有人会故意旅行避开，还有宅在家里装作去旅行不待客的	人日（一月七日）未见
二月	节分：立春前后 十一日：纪元节。三大节之一，市民休息的比较多	纪元节已然渗透到市民的生活中，这一天到公园散步的人较多
三月	三日：雏祭。一年比一年盛大。二月下旬在日本桥十轩店会开雏市，开市期间的公共浴池里会将桃树叶子放进水里烧"桃汤"。据说洗"桃汤"澡，夏天能预防痱子和毒虫。 春分日前后三天是彼岸	雏祭虽然没有完全断绝，但从其内容来看与古代及现代均有不同。从古代曲水流觞贵族情趣到现代摆放人偶的女孩节相比，这一时期的雏祭体现的是部分阶层、不同性别的大众节日

---

① 東京都百年史編集委員会：『東京百年史』（明治前期）第二卷：首都東京の成立、東京都出版、1972 年 3 月、第 1163—1164 頁。

② 同上書、第 1165—1170 頁。

续表

年中行事名称	年中行事内容	变化
四月	八日：释迦诞生日，灌佛会	
五月	五日：菖蒲节供。这是维新衰微后逐渐复活的节日。日本桥十轩店的五月人偶市场从四月下旬开始。早先将菖蒲和艾草扎成一大把挂在屋檐下的习俗，急剧衰落。公共浴室烧菖蒲水。 五日至七日靖国神社春日大祭。 十七、十八日浅草三社祭。 五月和正月、九月一样是百姓神明参拜月，到神社和寺院参拜的人很多	端午名称不见，称之为"菖蒲节供"。从"维新衰微后逐渐复活的节日"字样来推断，维新开始以及之后的执行时期"五月五日"这一年中行事曾中断
六月	祭月，各地神社的祭祀较多	
七月	一日：富士讲开始 七日：七夕。维新之后衰微 十三日至十五日盂兰盆节，忙碌堪比年末。每家搭建精灵棚，供奉先祖。 到寺院施恶鬼 十六日店员职工放假 二十日是土用日	七夕记录仅此一句，说明明治维新宣布废除之后开始衰微，未像五月五日那样复活
九月	神社祭月。其中十五日神田神社大祭	九月九日赏菊饮酒习俗未见
十月	五日：达摩忌 六日：净土宗行事 十三日：日莲忌 十月十佛教相关的一些祭祀	
十一月	三日：天长节 十五日：七五三	
十二月	冬至：洗柚子澡，吃南瓜 岁末：各地市场卖年货，每家大扫除	

比较《明治年中行事》中所列年中行事条目和内容，可以看出明治政府官方规定的祝祭日和东京百姓实际举行的年中行事有很大的不同。

《明治年中行事》所列如下：四方拜、一日祭、朝贺、二日祭、三日祭、元始祭、政始、新年宴会、御讲书始、陆军始、英照皇太后祭、歌御会始、孝明天皇祭、新年祭班币、纪元节、贤所神殿新年祭、仁孝天皇祭、皇灵祭（春与秋）、神武天皇祭、观樱会、皇后陛下御诞辰、神宫月次祭（6月与12月）、节折（6月与12月）、大袚（6月与12月）、神尝祭、天长节、观菊会、镇魂祭、新尝祭、后桃园天皇祭、光格天皇祭、御神乐、除夜祭。

有趣的是，明治政府废除的五节供在宫廷内部并没有完全禁止，在《明治年中行事》中所见的"观菊会"，即为其中一例，九月九日宫廷中仍保有观赏菊花的活动。明治官方规定的节日仅有陆军始、纪元节、天长节等几个节日在《东京百年史》（第二卷）里出现，这几个节日在普通市民的生活里也仅仅是享受休息日，并没有什么特定的仪式活动。明治政府布告废除的五节供在《东京百年史》（第二卷）中，一月七日不见，九月九日不见，三月三日以大众洗浴"桃汤"的形式流传，七夕衰微，五月五日在维新后复活。可见，事实上五节供一旦固定下来，尽管在明治时期一时失去作为宫廷（官方）的祝日性质，并没有完全断绝，仍然在民间顽强地延续着，以至于近代甚至现在依然渗透在国民的生活里，并被继承下来，传承下去。

从明治初期的东京年中行事记载来看，新旧混杂，体现了一定的包容性、开放性与传承性。既适当地容纳了新的祝祭日，又调适地延续了已有的传统节日；在行事的内容上，既有传统流传，又有新内容的创新。

明治33年（1900），道路修整，城市改造进程加速，虽然期间因日俄战争而财政紧缩，1906年，明治政府募集外债继续改造事业。城市改造使得人口大量流入，东京变化日益加大，并波及语言和风俗。同时，地价高腾，城市化进程加速。日本人口在甲午战争前后增加了一倍，日本桥、京桥、神田边等地自江户时代以来就是商业中心的繁华街，明治时代已经成为房屋密集的地带，至明治中后期人口不增反减，至明治末年人口减少，说明人口已达到饱和。甲午战争之后，新来东京的人基本都从周边区到郊外寻求住居，当时作为郊外的新宿①和涩谷②经过日俄战争之后，已然以郊外新兴住宅地而闻名，涩谷多军人家属，新宿柏木一带多知识人。

郊外开发和交通发达紧密相关，缩短了郊区与市内的距离。明治36年（1903），品川与新桥之间开通路面电车。随后仅仅几年，市内交通电车全盛，街道随之变化，乘客多的地方就成了繁华地。随之，许多大型百货店向大众化发展。郊外地向住宅地发展的过程中，和市内的关联日益紧密，近郊的农村在市区改造事业中发生街道变化和人口移动等情况，文化、风俗等也随之发生新的变化。随着城市化的进展，近郊农村生业的变化显著。农家将蔬菜运入城里，再将肥料运回农村，农家由谷物栽培转为蔬菜栽培，自给自足的生产转变为商品生产。明治末年至大正初期，近郊植树业发展，涩谷、新宿、大久保、大崎等地均出现了以植树业为生的农家。

人们的日常生活发生着变化。在娱乐匮乏的时代，集市和庙会滋润着城市人的生活，成了不可缺少的存在。比较热闹的是雏市、五月人偶市、草市、岁市等，这些都带有娱乐的性质。雏市和五月人偶市分别在上巳节前（2月26日—3月2日）和端午节前（4月末至5月4日）日本桥区十轩店和各个玩具店开始开市，卖雏祭（三月三）和端午（五月五）人偶。草市是卖盂兰盆节时祭祀祖先用的供物、饰物等，每年7月11日、12日在浅草公园等地开市。岁市是卖岁末新年用品、饰物等，12月14日、15日在深川公园开市。这些货物的价格均由这几个市场决定，后开始的市场也要以这个市场为标准。

明治后半期，西洋料理、面包等多起来，村子里开始吃到俄国面包，日俄战争之后，俄国面包开始流行，武藏野的村子里开始以面包为夜食。啤酒、雪糕等也开始流行。明治后半期的东京随着市街地的扩大，都市之风向郊外吹拂。年中行事也随之悄然变化，若月紫兰在《东京年中行事》[明治44年（1911）]"东京的元日"中记载了"静寂的帝都"。街上万物

---

① 新宿区现在是日本东京都内23个特别区之一，也是东京乃至于整个日本最著名的繁华商业区。新宿区位于东京市区内中央偏西的地带，区内的新宿车站是东京市区西侧最重要的交通要冲之一，包括JR山手线、JR中央本线、JR总武线与私人铁路公司京王电铁的总部都位于新宿车站。

② 涩谷是JR山手线、埼京线、东急东横线、田园都市线、京王井之头线、地铁银座线、半藏门线集中的交通枢纽，与银座、新宿、池袋、浅草同为东京都内著名的繁华区。

皆静,人员混杂的地方是神社门前、车站和飞机场。说明明治时期的正月因东京人外出增加,已经让人实际感受到了市街区的这种寂静。

下表依据《东京百年史》[①] 第三卷中的"年中行事"内容而作。

年中行事名称	年中行事内容	变化
正月	元旦:早晨让本命年的男孩汲"若水"[②]、初日、初次参拜,神田明社、靖国神社、浅草观音、龟户神社等多是人们参拜的地方。还有七福神参拜。家门口摆放门松、注连绳等。 一日二日:杂煮。杂煮汤里加鸡肉、青菜、鱼糕,再加平的对角的年糕,第三天加芋头、萝卜酱汤加年糕,然而,各地乡土风情不同,不能一概而论。还用新的柳筷吃,家族之间互相问候。正月料理市内岁末商店有售,自制越来越少。 三日:喝屠苏酒。 这个时期贺年回礼越来越少,受者之家会将名片盒放在门口,不会一一出头露面。明治32年(1899)十二月,在东京开始贺年邮政制度(全国开始于39年末),通常二十封一起放到指定的窗口,就会受理。 以名片交换会代替贺年回礼,并在各地展开,成为这一时期的新风俗。一般的回礼是指亲属之间,拿着手绢、点心、酒等,给孩子一些压岁钱,是通常的惯例。 六日消防初次演习日。在四日举行的地方比较多,等同于年始工作开始。 六日夜撤掉门松,在摆放的地方插一根松叶,是东京的习俗。 八日陆军阅兵式。 十五日、十六日是奉公人的休息日。 町村区域以十五日为中心的小正月装饰"蚕茧饰",市内、町村区域在七日吃七草粥、十五日吃小豆粥	原来元日作为圣日,市内和郡部(町村区域)一样。穿干净的和服,不打扫卫生,年末已经打扫完毕。只是郡部在旧历过

---

① 東京都百年史編集委員会:『東京百年史』(明治後期)第三卷:「東京人」の形成、東京都出版1972年3月、第1165—1170頁。

② 以前是在立春之日由宫中的主水司向天皇奉纳的水,后改为元旦早晨汲水,将取来的水供奉于神龛。人们信仰"若水"能够驱除邪气,经过神龛供奉之后,用这个水做给年神的供物和一家的食物,或者漱口、烧茶等。汲"若水"的任务一般由本命年的男孩子担任。

续表

年中行事名称	年中行事内容	变化
二月	东京市内，与各家恒例民俗的年中行事相比，外部与游乐、举行的活动相结合的岁事，印象深刻。这些活动和许多神社或寺院相结合。如二月节分，在很多神社里，邀请本命年的歌舞伎男演员，向前来参拜游览的观众举行撒豆子的仪式。有些神社还让装扮的青鬼赤鬼逃跑，旁边的武者拿着桃弓苇矢射（鬼），演绎接近古代仪式的追傩	东京市内的民俗信仰和游乐相结合
三月五月	三月三日摆放雏祭人偶 五月五日摆放武者人偶	三月三和五月五的习俗逐渐形式化
八月	町村七月盂兰盆节几乎都推迟一个月，严守（时间）在八月过。十三日迎火，在盆棚供奉农作物、面条、馒头等。市内几乎都在七月举行扫墓。"盆踊"要出动警察。浅草以及市内各地开草市在七月十二日。这也是一种盆市，以七月十日为主，因朝颜人偶饰聚集了大批的市民	郊区和市内盂兰盆节的内容和形式明显不同
十一月	七五三是新的习俗，在当时的东京已然有扎根下来的倾向	
十二月	十二月下旬，浅草观音、神田神明等地有年市，卖正月的饰物、羽子板、破魔弓等"市棚"	

明治中后期，随着城市化进程加速，年中行事的内容较明治前期都有一些较大的变动。五节供中七月七日、九月九日未见，其余的一月七日、三月三日、五月五日行事的内容也已非常简单，只有娱乐形式存在。年中行事本来带有信仰的性质，东京市内的信仰因素显然已经越来越淡。三月三日的雏祭人偶，五月五日武者人偶等，却成了拼美观的竞技物。雏市在 2 月 10 日、五月人偶市在 4 月 20 日开始，在日本桥的十轩店、两国等开市，渐渐演变成奢华的竞技，在年中行事中施以商业主义规制的倾向已然出现。

东京郡部跟市内有一些共同的行事内容，如一月七日吃七草粥，十五吃小豆粥，也有一些与市内娱乐性质不同的活动，这些活动基本是延续下来的传统内容，如以十五为中心的小正月装饰"蚕茧饰"，这与东京郊区城镇化过程中的农业生业变化有关，农业由谷物栽培逐渐转化，期间出现了很多栽培茶叶、养蚕的农户。正月十五与养蚕相关的仪式活动就是以养蚕为中心的农户对祈求蚕茧丰收的预祝仪式。

东京郡部一些节日还在旧历过，如元旦，但同时已经开始接受新历。对于盂兰盆节这样的传统节日，和市内在七月度过不同，郡部采取的方法是推迟一个月，在八月举行。郡部的盂兰盆节几乎延续了传统的内容，十三日设迎火，在家里搭建祭祀祖灵的棚子、供奉祖先、举行扫墓等活动。而市内的盂兰盆活动，除了扫墓以外，还举行"盆踊"，从动用警察维持秩序的情形来看，参加的人数应该是非常多。从"盆踊"活动的举行看，市内的盂兰盆节逐渐向娱乐化演变，更倾向于由敬祖先向娱乐、纳凉等愉悦人的方向转变。

与明治前期相比，明治政府规定的以天皇为中心的年中行事不见了，说明以天皇为中心的年中行事的内容仍然没有渗透到百姓的日常生活之中。人们除了保持一定的传统以外，就是在传统基础上的创新，主要遵循日常生活的变化，特别是城市化的进程加速，待人接物的方式也发生了很大的改变。反映在年中行事上，如元旦拜访问候，就发生了极为现代性的改变。传承至今的贺年卡邮政制度于明治32年（1899）在东京开始，于明治39年（1906）在全国全面展开，到了明治43年（1910），市内25局受理957.758万封贺年卡，新年三日内发出1373.3845万封贺年卡。[①] 贺卡代替新年拜访开始，使得人们不再固定在家里等待客人来访，可以毫无心理负担地出游，据称明治末年至大正期间，游览地以及出游人数大大增加。

大正3年（1914）第一次世界大战爆发，日本对德国宣战，声称"消灭德国在远东的一切势力"，最终成为战胜国之一，攫取了德国在中国和太平洋的利益。日本称这段历史为"大正天佑"，可见对于病恹恹的大正天皇的时代而言，意义多么重大。第一次世界大战结束后，日本迎来了空前的"好景气"，经济飞速发展，一下子推进了近代化的发展。

---

① 東京都百年史編集委員会：『東京百年史』（明治後期）第三巻：「東京人」の形成、東京都出版、1972年3月、第1291頁。

东京的变化在大正 12 年（1923）的大震灾之际迎来了非常重要的契机。随着灾后重建，旧东京向近代化的样貌转变。对于东京所发生的急剧变化，当时住在郊外每周去一次东京中心的一个文人如是说："感觉（东京）每周的变化相当于农村一年的（变化）。在东京的游览，由看名所旧址而转为看近代化的事物。拜近代化文明所赐，交通发达，以前游览需要三天，现在一天就够了。"① 东京虽然因大震灾受到灾害，但反而推进了向近代化方向发展，在各个领域显示的正如文字所示的"大东京"一样，东京正向着近代化极速推进，逐渐成为自由开放的首都。

大正时期，东京真正开始向大都市成长。文化事业蓬勃发展，《文艺春秋》等杂志创刊，报纸和周刊杂志发行量增大，大众文学流行，收音机播放收听人数增多，使得文化迅速得以普及。年中行事方面，国家性质的祝祭日、自古流传的五节供、二十四节气等构成了大正时期的丰富多彩的节日文化。

下表依据《东京百年史》② 第四卷中的"年中行事"内容而作。

月份＼内容	宫廷	民众	学校	备注
一月	元旦：天皇在伊势的内外宫，祭拜天神地祇、天地、四方山陵，举行宝祚无穷、天下太平、万民安全的祈祷仪式。三日元始祭，皇居内举行祝贺皇位元始，祭祀祖宗皇灵的仪式。	元日初日：汲若水、饮福茶、吃杂煮、喝屠苏酒。亲朋好友读贺卡。初诣，拜七福神。二日：初写、初谣、初汤、初扫。二日做的梦称初梦。七日人日，五节句之一，这天在民间要喝七草粥，除万病。	三大节当日小学校休息，举行祝贺仪式，唱祝贺之歌，向儿童分发饼干之类。八日学校寒假结束，这天迎来第三学期。	大正时代最重视的是一月一日四方拜，二月十一日纪元节，十月三十一日天长节，被称为三大节，是全民的祝日。三大节均有不同的祝歌。这些祝歌在明治 26 年（1893）八月规定，除了天皇礼式歌《君之代》以外，

---

① 東京都百年史編集委員会：『東京百年史』（大正期）第四卷：大都市への成長、東京都出版、1972 年 3 月、第 395 頁。

② 同上書、第 391—425 頁。

续表

月份\内容	宫廷	民众	学校	备注
一月	五日新年宴会，将皇族、华族、大臣、外国使臣召集到皇宫，举行招待宴会。八日陆军阅兵仪式。十八日在皇居举行初次御歌会。	东京门松摆到七日。十一日开镜饼。十五日又称十五日正月、小正月，吃小豆粥。十六日奉公人回家。		《敕语奉答》《一月一日》《元始祭》《纪元节》《神尝祭》《天长节》《新尝祭》七首被选定为"祝日大祭日唱歌"。
二月		二月三日或四日节分。将柊树枝插上沙丁鱼头插在门口，夜里举行"鬼外福内"的撒豆仪式。神社寺院里举行追傩仪式。数出年龄同等数目的豆子吃掉，保佑一年无病无灾。	二月上旬节分 十一日纪元节	
三月	十日是日俄战争奉天入城纪念日。二十一日、二十二日春季皇灵祭，皇居举行祭祀历代皇灵的仪式。	三月三日节供，中国的曲水宴与雏游习俗结合，又称为桃花节供、雏祭，摆放人形与桃花，喝白酒，是面向少女的节日。日本桥的十轩店的三月三日雏市非常有名。二十二日到四月二十五日复活祭。春社	三月上旬桃花节句 十日陆军纪念日 下旬证书授予仪式	学校、官厅休息

续表

月份\内容	宫廷	民众	学校	备注
四月	三日神武天皇祭 中旬观樱御宴 三十日靖国神社春季大祭	八日灌佛会称之为花祭	三日神武天皇祭 上旬入学式 三十日靖国神社春季大祭	四月一日，学校入学式，第一学期开始。
五月		一日国际劳动节（1920年开始） 五日端午是少年节日，竖立鲤鱼旗，摆放武者人偶，吃粽子或柏饼，把菖蒲插在屋檐下	五月上旬端午节句 远足 中旬三社镇守祭 二十七日海军纪念日	三社祭与神田祭、山王祭被称为三大祭。
六月	二十五日地久节	六日七日立夏	二十五日地久节	
七月	三十日明治天皇祭	一日商店街卖中元物品。 七月七日七夕，竖起笹，系五色丝，悬挂短册，举行各种行事。和盂兰盆节紧密关联，是盂兰盆节先行行事。 十三日至十五日盂兰盆节，举行各种各样的行事。 十五日中元节赠答亲朋好友。	上旬七夕 下旬终业式暑假 三十日明治天皇祭	二十一日暑假
八月	三十一日天长节		三十一日天长节	
九月	二十三日秋季皇灵祭	九月九日重阳节供，又称菊花节供。 秋社	上旬始业式 中旬展览会 二十三日秋季皇灵祭	

续表

内容 月份	宫廷	民众	学校	备注
十月	十七日神尝祭 二十三日靖国神社大祭 三十一日天长节		上旬运动会 十七日神尝祭 中旬赏月 二十三日靖国神社大祭 三十一日天长节	八月三十一日天气炎热，无法举行各种式典，1914年天长节移至十月三十一日
十一月	十一月三日明治神宫祭 中旬观菊御宴 二十三日新尝祭	十五日七五三，男女三岁，男五岁，女七岁参拜神社	上旬远足 中旬酉市 二十三日新尝祭	
十二月		商店街岁末卖新年用品 扫除、捣年糕、忘年会，竖立门松，迎接正月 二十四日平安夜 二十五日圣诞节 三十一日大晦日	下旬终业式	

日本自明治时期采用太阳历以来，国家的年中行事都是依据太阳历来举行。另一方面，村落居民直到大正时代还使用旧历，人们普遍认为采用太阳历难以理解自然的变化与推移。[①] 相比较农村区域，城市地区民俗更容易随着生活的变化而变化，更容易接受新事物。大正时期一些节日的命名出现了很大的变化，如以"祭"命名，像三社祭、神田祭等神社的祭礼表达的"祭"是理所当然的，明治大正以后不是神社的祭礼，

---

① 湯沢雍彦：『大正期の家庭生活』、クレス出版、2008年8月、第263頁。

也开始用"祭(まつり)",如将灌佛会命名为花祭,将三月三命名为雏祭,将复活节命名为复活祭,等等;再如"日"的使用,母亲节命名为"母の日"还有"耳の日""鼻の日",等等;还有"纪念日"使用,如海军纪念日、陆军纪念日等。[1] 这些命名的改变或新增,充分说明了大正时期节日的丰富性,以及在此基础上的细化,更能体现各类节日的特征。

　　从大正时期的年中行事来看,宫中(官方)、民众、学校三个群体的内容有很大的差异。宫中的年中行事以天皇为中心,学校除了与学业相关的行事以外,还要举行以天皇为中心的节日。大正时期,天皇中央集权统治加强,具体表现在除了举行宫廷仪式以外,主要在中小学教育中强化皇统观念。从民众年中行事来看,基本延续传承下来的一些节日,以天皇为中心的祝祭日仍然没有渗透进民众的生活之中。

　　曾经被明治政府布告废除的五节供在大正时期都得以恢复。如七月七日七夕,在明治时期几乎断绝,大正时期恢复,七月七日竖起笹,系五色丝,悬挂短册,举行各种行事;再如五日端午被定为少年的节日,要竖立鲤鱼旗,摆放武者人偶,吃粽子或柏饼,把菖蒲插在屋檐下。这些仪式环节,和江户时期基本相同,与现在也大体一致。这一时期,五节供面向的群体也得以明确,如三月三日定为少女的节日,五月五日定为少年的节日。五节供的复兴,充分说明传统节日旺盛的生命力,一经扎根,即便失去官方的祝祭日性质而一时断绝,仍然会在民间持久流传,或者复活。

　　复活祭、平安夜和圣诞节等节日出现在大正时期年中行事之中。东京大地震之后,日本文化进入具有划时代意义的时期,欧美文化迅速流入东京。[2] 西洋节日的渗入,真正体现了大正时期的东京所具有的兼容并蓄的开放精神,是明治时期以来对西洋文化更为深层的吸收。传统与现代交织,中国、日本与西洋等节日交融并本土化,大正时期的东京具备了自由开放的民主之风。

---

[1] 東京都百年史編集委員会:『東京百年史』(大正期)第四卷:大都市への成長、東京都出版、1972年3月、第396—397頁。

[2] 石塚裕道、成田龍一:「都市の生活革命」『東京都の百年』(県民の百年史13)、山川出版社、1986年10月、第203頁。

皇权统治的强调，西洋节日的吸收，大正时期东京的年中行事体现出来的皇权统治的中央集权和民众之间的"较量"，从一定程度上也代表着中央权力与城市权力的较量，是日本早期城市化所体现出来的最主要的问题。

小　结

明治维新作为日本近代化转折时期的标志，从一开始就确立了"扫除旧制度，建立新秩序"的目标，即扫除旧的藩制和建立以天皇崇拜为中心的中央集权制度。其实践，随着日本近代化道路而展开，并把天皇崇拜作为国民国家精神根基而实施。

明治初期，明治政府一方面积极由上而下推行"文明开化"，加速近代化的进程，促进城市化的发展；另一方面通过加强中央集权制度，以强化皇权统治。明治政府的皇权和西化的奇妙结合，在国家法定节日体系制定上，体现得尤为明显。明治5年（1872）明治政府改历为西历，废止五节供，并制定以天皇为中心的祝祭日体系，其目的是隔断以士族层为中心的幕藩制仪礼和习俗，从而达到"归一于天皇"，并使国民日常生活沿着天皇的统治而制定了方向。明治政府在年中行事方面的举措，外显透出对西洋文化特别是西洋历法的摄入，内化调整或消减存续已久的传统节日，意图达到真正的中央集权统治目的。

明治改历与以天皇为中心的国家法定节日体系并没有让民众顺从与迎合，相反，引起民间强烈的"抵抗"。其原因在于：第一，民间传承久远的年中行事体系，是以祖先崇拜和田神祭祀为背景，与四季变化和稻作周期相吻合，植入完全异质的天皇崇拜，让民众在实际生活层面上难以融合接受；第二，国民在生活上依然依赖于旧历，因为旧历月之盈亏和节日相对应，容易明白和记忆，要想从民众日常生活中去除并不容易；第三，传统的年中行事对应新历导致在季节上错位，致使年中行事无法按照传统进行。

明治时期的"文明开化"已然浸润人们的生活，在城市化的过程中，东京近郊受城市文化浸染，都市空间、文化空间和社会空间都发生了较大的变化，人们的日常生活也发生着新旧交替的转折。从年中行事的记载来看，既适当地容纳了新的祝祭日，又调适地延续了已有的年中行事，有传统流传，也有创新加入。

随着东京郊外开发和交通发达，都市之风向郊外吹拂，年中行事也随之悄然变化。明治中后期，随着城市化进程加速，年中行事的内容较明治前期有较大的变动。东京郡部的一些人还在过旧历，如元旦，但已经开始接受新历。盂兰盆节这样的年中行事，市内在七月，市郊或农村则推迟一个月进行。以天皇为中心的年中行事内容仍然没有渗透到百姓的日常生活之中，人们除了保持一定的传统以外，就是在传统基础上创新，主要遵循日常生活的变化，特别是城市化的进程加速，待人接物的方式也发生了很大的改变，如传承至今的贺年卡邮政制度于明治32年（1899）在东京开始。

大正时期因为东京大震灾复兴，反而推进了东京的城市化发展。大正时期的年中行事命名更加丰富和细化，充分体现了各类行事的特征。从大正时期的年中行事来看，宫中（官方）、民众、学校三个群体的内容有很大的差异。宫中的年中行事以天皇为中心，学校除了与学业相关的仪式以外，还要举行以天皇为中心的祝祭日。大正时期的天皇中央集权统治加强，具体表现在除了举行宫廷仪式以外，还要在中小学教育中强化皇统观念。从民众的传承来看，民众基本延续传承下来的年中行事，以天皇为中心的祝祭日仍然没有渗透进民众的生活之中。

大正时期的年中行事除了传统复兴以外，还有对西洋节日的深层吸收。曾经被明治政府布告废除的五节供在大正时期都得以恢复，圣诞节等西洋节日也固定下来。传统的复兴充分说明传统节日旺盛的生命力，即便一时失去官方的祝祭日性质，仍然会在民间持久流传，或者复活；西洋节日的本土化则体现了大正时期的东京兼容并蓄的开放精神。

回顾明治以来至第二次世界大战结束的历史可以知道，这一时期的日本通过国家法定节日体系制定与推行来强化国家神道信仰和国民天皇崇拜，对国民进行精神、思想统治，以供其驱使。在这一点上，充分暴露了日本近代化转型的不彻底。而民众在年中行事上对皇权统治的"抵抗"，一方面，说明传统的力量扎根民间；另一方面，说明随着近代化的推进，城市化的进程，民众接受外来新思想、新事物已经变得非常容易。

民主之风带来的是民众思想上的觉醒和言行上的独立,日常生活中的选择和非日常生活的变化都会自然而然地随着近代化和城市化的进程而做出自我调整。

第 三 章

城市化发展初期的年中行事传承与变迁

第一节 昭和前期的社会背景

第一次世界大战以后，日本跻身于世界五大国①之列。因为战争的既得利益，日本经济呈现出一派繁荣景象。在民主主义进程高涨中，真正的政党内阁诞生。然而，1920年之后，战后恐慌开始，再加上1923年的关东大地震，使日本经济遭受重创，给国民的生活带来很大的伤害，造成人心不稳定。另外，民众在都市风俗中享受着大众文化与生活。大地震之后三年，即1926年12月25日大正天皇去世，皇太子裕仁亲王即位，改元昭和②。昭和天皇在位64年，直到1989年1月7日去世。

昭和时期以第二次世界大战结束的1945年为界，分为前、后两期。按照历史进程划分，前期属于近代，后期进入现代。战前的昭和期从元年（1926）至5年（1930）为第一期，之后至20年（1945）为第二期。第一期由经济不景气到发动战争为止，第二期为非常之时，战乱的时代。

明治维新后日本确立以天皇为国家权力中心、掌握主要国家权力的二元君主制。③ 日本政治采取立宪君主制，并于1920年由政党组建了内

---

① 英、法、意、美、日。
② 昭和年号取自《尚书》中的"百姓昭明，协和万邦"一句。
③ 1945年8月15日，日本宣布投降。以美国为首的盟军占领日本，对日本的天皇制进行改造，使天皇成为不掌握实际权力的虚位元首，日本就此建立了议会君主制。

阁。之前的大正时代因第一次世界大战的胜利，经济增长率以12%—13%的高水准增长，昭和初期却因世界范围经济大恐慌的影响，经济全面崩溃。连续不断的经济不景气，加之政治政党的腐败，招致贫困潦倒的国民不信任和愤怒。至此，侵略中国大陆和改造国家的势力强烈抬头。20世纪30年代，独立性较强的军部开始一系列的军事活动和战斗，陆续制造一些军事政变，日本政治政党名存实亡，为中央集权向军事独裁转变打下基础。

昭和经济不景气引发了严重的事态，政府在昭和2年（1927）4月22日公布延期偿付，招致经济恐慌。失业者挤满了道路两旁，甚至连大学毕业能够就职的人也寥寥无几，也不得不加入临时工的队伍，而知识阶层职业介绍所直到昭和6年（1931）才成立。

昭和3年（1928）2月，作为政治缓和剂的普通选举法实施，并举行了众议院议员选举，一些无产者代表当选，这就意味着无产者代表不仅进入政治，而且通过国会或市会推进昭和初期的社会事业、社会福祉计划，给市民的穷乏生活带来了些许希望。普通选举法的实施，为昭和初期政治带来一抹亮色。然而，关东大地震复兴计划以及政治事件与思想镇压，使国民的物质与精神生活随之陷入困顿。

东京在大正12年（1923）9月1日遭受空前的大地震，以江东地区、都心地区为中心，烧毁了近三分之二的市域。至昭和初年，"帝都复兴计划"都是一个非常重要的任务。帝都复兴计划虽然没有得到完全实施，其结果却促进了东京周边地区的开发。因为大地震而失去家园的人们，纷纷选择移住周边的町村。据推测当时超过百万的人口移住到周边町村，结果使得周边的町村急剧城市化。大地震以前新宿、涩谷、品川等地还是郊区，至昭和初期，这几个地方作为繁华街已经非常热闹。这种倾向伴随着郊外电车的发展而发展，昭和7年（1932）10月1日，东京市周边82个町村合并，形成东京35区，即实现向"大东京"转变。

"帝都复兴"继续，市域扩大形成"大东京"，市民的生活并没有因此而富裕。不仅如此,对"五一五"①、"二二六"② 等相继爆发的恐怖政治事件做出反应的知识阶层,政府的态度是一方面宣扬皇统思想,一方面实施镇压,完全剥夺国民的思想和言论自由。昭和15年(1940),纪念纪元2600年的祭典,就是在这样的背景中发酵产生。这个祭典从根本上来讲,把日本的纪元定为皇纪,从神武天皇开始,神武元年对应公元前660年,至昭和15年(1940)正好2600年。③ 时值1940年侵华战争僵持阶段,日本政府为炫耀所谓"武威",以鼓舞国民士气,大肆操办这次祭典,并作歌"纪元二千六百年",掩盖了侵略战争的实质,是对包括中国人民在内的亚洲人民因战争带来的深重灾难和伤害的无视和粉饰,充满了军国主义思想。

同时,昭和前期加强了对东京大学和京都大学一些教授的思想禁锢,对他们进行思想镇压,昭和15年(1940)从事古代史研究的津田左右吉因否定皇国史观的史学观点,遭受右翼攻击,酿成了津田事件④,影响颇大。昭和政府不仅对思想、学问进行镇压,对国民因"九一八事变"、侵

---

① 五一五事件是日本历史事件,1932年(昭和7年)5月15日以海军少壮军人为主举行的法西斯政变。政变者袭击首相官邸、警视厅、内大臣牧野伸显邸宅、三菱银行、政友会总部以及东京周围变电所。首相犬养毅被杀。由于政变规模小,缺乏建立政权的具体计划,为达目的,政变者自首。在审判中,军部大肆煽动舆论为政变者开脱罪责,并借此加强统治发言权。结果,5月26日成立以海军大将斋藤实为首的所谓"举国一致"的内阁,政党内阁时代结束。

② 二二六事件又名"帝都不祥事件"或"不祥事件",是指1936年2月26日发生于日本帝国的一次失败兵变,日本帝国陆军的部分"皇道派"青年军官率领数名士兵对政府及军方高级成员中的"统制派"意识形态对手与反对者进行刺杀,最终政变遭到扑灭,直接参与者多数被处以死刑,间接相关人物亦被调离中央职务,皇道派因此在军中影响力削减,而同时增加了日本帝国军队主流派领导人对日本政府的政治影响力。二二六事件也是日本近代史上最大的一次叛乱行动,是20世纪30年代日本法西斯主义发展的重要事件。

③ 藤原彰:『日中全面戦争』(昭和の歴史5)、小学館、1982年10月、第286—287頁。

④ 津田事件:1939年,津田左右吉任东京帝国大学(现东京大学)法学部讲师,讲授东洋政治思想史。津田史学的核心为"皇国史观"否定论,从而形成独树一帜的"津田史观"。日本右翼主义者蓑田胸喜、三井甲之等人以此为借口,发表论文对津田展开猛烈攻击,将津田斥为"恶魔般的最凶狠的虚无主义思想家"。随着日本右翼势力的快速增强,1940年2月10日,日本政府以其研究内容"对皇室不敬",颁令将津田的《古事记及日本书纪的研究》《神代史的研究》《日本上代史的研究》《上代日本的社会及思想》四部著作予以封禁。同年,在文部省的要求下和东京大学的施压下,津田被迫辞掉东京大学教授一职。同时,因蓑田等人的上告,津田与出版者岩波茂雄被以违反出版法罪名遭到起诉,1942年5月,津田、岩波判判有罪,津田被判处3个月,岩波被判两个月有期徒刑,皆为缓期执行。津田不服上诉,直到1944年失效才免予起诉。

略中国等问题的抵抗,也一律加以施压对待。因此,近代日本的昭和初期被称为"暗黑的时代"。

在政治变动中,日本侵略中国,先是皇姑屯事件①,然后"九一八事变"②,日本侵占中国东北。昭和7年(1932)开始建设"满洲国"。昭和10年(1935)4月,末代皇帝溥仪作为宾客接受招待来到日本东京。昭和12年(1937)7月7日,"卢沟桥事变"爆发,日本全面侵华。日本媒体宣扬煽动"满蒙生命线"论,使得日本国民情绪高涨,实现"大东京"的市民纷纷加入"王道乐土"的伪满洲国建设大潮中,响应日本政府的移民百万户到满洲的计划号召,来到中国大陆,成为伪满洲国开拓团的一员。

昭和前期,东京自主的地域组织町会、邻组快速发展。昭和13年(1938),东京市町会规约准则和町会规约准则制定,市长劝谕市民配合,实际上是带有一定的强制性质。这在临战时的体制下,町会与邻组成为国民总动员的基础。町会、邻组成为日本极右的政治团体大政翼赞会③的最末端组织,在战时体制下,辅助市町村长进行行政运营,向地域住民布告、传达,在战时物资不足的情况下协助物资配给制④,并协助防范、防谍、防卫,成为保护地域生活的共同组织。在战争时期,日本《国家总动员法》规定人力物力征用实施之际,起到了最基层的作用。战后,伴随民主化进程和国家宪法的实施,町会、邻组在1947年5月3日波茨

---

① 皇姑屯事件是日本关东军谋杀中华民国陆海军大元帅、奉系军阀首领张作霖的事件。1928年6月4日凌晨5点30分,张作霖乘坐的专列经过京奉、南满铁路交叉处的三洞桥时,火车被日本关东军预埋炸药炸毁,张作霖被炸成重伤,送回沈阳后,于当日死去。

② "九一八事变"(又称奉天事变、柳条湖事件)是日本在中国东北蓄意制造并发动的一场侵华战争,是日本帝国主义侵华的开端。1931年9月18日夜,在日本关东军安排下,铁道"守备队"炸毁沈阳柳条湖附近日本修筑的南满铁路路轨,并栽赃嫁祸于中国军队。日军以此为借口,炮轰沈阳北大营,是为"九一八事变"。次日,日军侵占沈阳,又陆续侵占了东北三省。1932年2月,东北全境沦陷。此后,日本在中国东北建立了伪满洲国傀儡政权,开始了对东北人民长达14年之久的奴役和殖民统治。"九一八事变"是日本帝国主义长期以来推行对华侵略扩张政策的必然结果,也是企图把中国变为其独占的殖民地而采取的重要步骤。它同时标志着世界反法西斯战争的开始,揭开了第二次世界大战东方战场的序幕。

③ 大政翼赞会是第二次世界大战期间,日本的一个极右政治团体,于1940年10月12日宣告成立,1945年6月13日解散。该组织以推动"新体制运动"作为主要目标,在第二次世界大战期间,以一党专政的模式统治日本。

④ 日本1939年开始实施配给制,1952年结束。

坦公告中被禁止，1952年10月25日被解禁，町会作为自治组织，发展到现在。

1941年12月7日，太平洋战争爆发，东京、大阪市民在政府的奖励下，开始向农村、山村疏散。在严酷的现实面前，被疏散的城市居民将衣料卖掉，和农民换取粮食，以弥补配给的不足。至此为止，农民都是将自己生产出来的白米作为贵重商品送到市场，而自己以小麦等粮食为主食，因为配给制的原则，都市和农村生活实现了平等化。因为配给制的存续，城市和农村之间的生活意识差距变小。战后家庭生活电器化，伴随着收音机、电视的普及，城市和农村的生活几乎没有差距，昭和45年（1970）农家一人的收入比城市工薪阶层的收入还要高。这样的基础就是战时配给制度打下的，战后农村经济水准才有所上升。

当然，在昭和初期，观光、消费浪潮并没有因为战前而停止，反而掀起了高潮。人们曾经为最初的东京奥运会举办（1940）[①]和万国博览会而欢呼，最终，原定1940年9月21日至10月6日在日本东京举行的第十二届奥运会，因侵华战争无力准备而中止。当时的歌谣、电影是民众比较喜欢的艺术，昭和初期在东京等城市地区展开的"昭和现代"，至20世纪40年代前后仍留有余韵。

1941年12月，"珍珠港事件"爆发，日美战争开始。国民的生活陷入水深火热之中，许多日本人在战地或在日本本土遭受空袭，丢掉性命，成了战争的牺牲品。日本政治、军事指导者将日本国民逼进绝望的深渊，也给亚洲人民造成难以平复的伤害。昭和20年（1945）3月9日至10日，东京地区遭受美国盟军空袭，死亡人数多达14万人，全城50%以上的房屋被焚毁，100多万人无家可归。1945年8月15日，日本战败投降，东京暂时由美国盟军接管。

[①] 日本从1930年开始着手申办1940年东京奥运会，是为了纪念神话中的神武天皇即位2600年。日本申奥官员为了取得这届奥运会的举办权，甚至于1934年会见了意大利总理墨索里尼，成功劝说意大利放弃申奥。经过几轮投票，东京、赫尔辛基两市获得预选权。最后表决时，东京以37票获胜，赫尔辛基得了26票。第十二届奥运会原定1940年9月21日至10月6日在日本东京举行。

第二节　城市化发展初期与大众生活方式的变化

　　明治 11 年（1878）7 月 22 日，政府颁布郡区町村编制法，东京市的区制沿革根据此法当时设立了麹町在内的 10 个区。1879 年，东京市共有麹町区、神田区、日本桥区、京桥区、芝区、麻布区、赤坂区、四谷区、牛込区、小石川区、本乡区、下谷区、浅草区、本所区、深川区 15 区。

1878 年《郡区町村编制法》施行之后的东京 15 区[①]

---

　　① 「大東京 35 区物語～15 区から23 区へ～東京 23 区の歴史」東京都公文書館ホームページ http://www.soumu.metro.tokyo.jp/01soumu/archives/0714tokyo_ku.htm。

1932年东京市域扩大之前的东京府的区划①

昭和 7 年（1932）10 月 1 日，政府合并町村，周边 5 郡 82 村被编入东京市，并新增品川、目黑、涩谷、中野等 20 个区（见下图）。

35 区时代的东京市②

---

① 「大東京 35 区物語～15 区から 23 区へ～東京 23 区の歴史」東京都公文書館ホームページ http://www.soumu.metro.tokyo.jp/01soumu/archives/0714tokyo_ku.htm。
② 「大東京 35 区物語～15 区から 23 区へ～東京 23 区の歴史」東京都公文書館ホームページ http://www.soumu.metro.tokyo.jp/01soumu/archives/0714tokyo_ku.htm。

第三章　城市化发展初期的年中行事传承与变迁　75

　　被称之为世纪大事业的东京市域扩张之后，拥有 35 个区，567 万平方公尺，其面积继当时的洛杉矶、柏林、纽约、悉尼之后，成为第五大城市。人口大约 600 万，仅次于纽约。东京市域扩大，人口骤增，市民通勤、生活必需的购物、娱乐、访问以及其他不定期的移动，以当时现有的交通显然无法完成这样的输送能力。因而，交通问题被提到日程上来。市域扩张的第二年，市电的轨道延长，车辆数增加，轨道由原来的 192 公里延长至 333 公里，车辆数由 1054 辆增加到 1339 辆，原有的 15 区几乎囊括进交通网之内，交通设施进一步向新增市域扩展。①

　　昭和初年，东京近郊的新宿因处于铁路的终点，加之东京西郊城市化进展，开始向繁华街转变。昭和 5 年（1930），当时国铁以及西武、京王等私铁承载的乘客在新宿上下，每天大约 35 万人。工薪阶层、学生、职业女性、作家、大学教授等聚集在"新兴街"新宿，形成了与浅草、银座不同的"新宿文化"。② 这更加促使东京城市化进程发展加速。

　　昭和 15 年（1940）11 月 13 日，日本神武天皇即位纪元（皇纪）2600 年，明治神宫外苑聚集了 10 万市民，为庆祝这一"特别时刻"，举行盛大的式典。当时的盛况被载入《东京市纪元二千六百年记念事业志》中，大致内容如下：祝皇室繁荣，祝国运昌盛、武运长久，并进一步推进已进行两年半的"东亚新秩序建设"，举国家总力肇国之大理想，弘扬八纮一宇精神。③ "八纮一宇精神"成了发动大东亚战争（太平洋战争）的思想背景，支撑"大东亚共荣圈"的支柱。日本大东亚共荣所显示的"善邻友好"，意味着向中国、亚洲大陆进攻，确立在亚洲社会的支配权。"八纮"虽指天地，实际具体指世界或者亚洲社会。"一宇"指一个体制，即天皇。"八纮一宇"意指在天皇制下实现亚洲统治。大东亚共荣圈实际是实施"八纮一宇"具体的表现。在这样的背景下，东京市不仅派出开

---

① 東京都百年史編集委員会：『東京百年史』（昭和期戦前）第五巻：復興から破滅への東京、東京都出版、1972 年 3 月、第 112－116 頁。

② 石塚裕道、成田龍一：「都市の生活革命」『東京都の百年』（県民の百年史 13）、山川出版社、1986 年 10 月、第 208 頁。

③ 東京都百年史編集委員会：『東京百年史』（昭和期戦前）第五巻：復興から破滅への東京、東京都出版、1972 年 3 月、第 715 頁。

拓民，还将产业扩展到中国东北、北京、上海等地。在侵略膨胀的情况下，东京是明治大正时期的首都，昭和时代，俨然成了"大东亚共荣圈"的"中心都市"，暗示着日本欲将东京变成亚洲首都的野心。

在东京市域不断扩充、城市化发展加速、走向"大东京"的过程中，战争态势也在进一步扩大。日本以战争遂行为目标转入战时体制，[①] 先后颁布了《重要产业统制法》《工业组合法》《汇兑管理法》《米谷统制法》《石油工业法》《制铁业法》和《汽车制造业法》等，大力施行带有强烈军事色彩的国家垄断资本主义。昭和12年（1937）7月7日，日本挑起卢沟桥事件，全面侵华。全面侵华战争开始以后，为了适应战争规模的急剧扩大，昭和13年（1938）4月，日本颁布了《国家总动员法》，规定国家实行从武器、弹药、飞机、船舶到通信器材、工业设备、建筑材料、燃料、电力以至食品、饲料和药品在内的物资管制，并且规定政府有权征用物资和监督企业的投资方向。战时体制实施之后，与人民生活密切相关的消费资料生产部门严重萎缩，直接导致人民生活水平急剧下降。同时，军工产业急剧扩张，也严重地压缩了与正常生产相关的生产资料的生产。

日本战时体制下的东京文化体现在教育上，是以不断强化国家主义教育为目的的。大正末期至昭和初期，学生运动频繁，伴随着对学生社会主义运动的镇压强化，东京大学、东北大学、九州大学等大学的社会科研究会被解散。昭和5年（1930）开始，右翼学生团体陆续结成，日本的国民教育逐渐走向国家主义教育的道路。文部省针对学生的思想对策，于昭和6年（1931）7月设置了"学生思想问题调查委员会"，审议状况与分析对策。昭和7年（1932）8月，又设置"国民精神文化研究所"，昭和9年（1934）5月废除学生部，设置"思想局"，强化对学生思想统治体制建设。特别是在设置"国民精神文化研究所"时，阐述建设研究机关的目的为"阐明我国国体、国民精神原理，发扬国民文化，批判外来思想，建设对抗马克思主义的坚实理论体系"，强调"日本精神"和"国体"的国家思想统治意图。

昭和16年（1941）3月1日，昭和政府颁布"国民学校令"，将以

---

① 参照：ウィキペディア・フリー百科事典：http://ja.wikipedia.org/wiki/戦時体制。

往的小学改称"国民学校"。其名称改变的理由是日本为了紧握亚洲主导权，实现构筑"大东亚共荣圈"的野心，强化以天皇为中心的国家体制。国民学校令实施细则第一条明确规定对皇道和国体的信仰。不仅如此，为加强天皇崇拜，在国民学校建设供奉天皇和皇后照片的"奉安殿"，祝祭日之时，全校师生在照片前排好整齐的队伍，聆听校长朗读"教育敕语"，这在当时已形成惯例。① 学生在每天的朝礼时要面向宫城方向行"最敬礼"，称之为"皇居遥拜"。东京市内的国民学校，因在天皇左右而倍感自豪，提出以培育符合住在帝都的居民为目标，培养国民精神，提高市民教养，增强体质，形成质实刚健的气质。小学改制国民学校至昭和16年（1941），东京市平均升学率男97.2%、女94.5%，与昭和5年（1930）旧15区升学率男81.68%、女78.86%相比，提高很多。随着战争事态继续扩大，昭和19年（1944）年8月22日，日本发布"学徒勤劳令"，除了当时的国民学校和青年学校②的学生以外，规定中学生、女学生、大学生都要从教室出来去农场和工场劳动。根据《国家总动员法》，国民全体进入战斗体制。太平洋战争爆发后，日本国内进入"决战体制"，少年儿童被疏散到农村，参加学校组织的"学校报国队"，进农场或工场帮工，学校成了军事教育、防空防卫训练、生产技术职能的场所。

随着战争的进一步扩大，妇女们也被卷入战争。战争期间成立的以国防妇人会③为代表的法西斯主义妇女团体，随着战争的扩大和持久而得以发展壮大，就连新桥的艺伎和银座的舞女都加入这个组织中。妇女们开展包括慰劳官兵、资源回收、爱国储蓄、生活更新、女子挺身、家庭报国等"后方奉献"活动。普通妇女在战时官方妇女团体的组织和领导下，身不由己被卷入战时体制，最终成为日本军国主义欺压、杀戮的

---

① 東京都百年史編集委員会：『東京百年史』第五巻：復興から破壊への東京（昭和期戦前）、東京都出版、1972年11月、第1138頁。

② 1935年4月1日，"青年学校令"颁布，向军队教育转向。東京都百年史編集委員会：『東京百年史』第五巻：復興から破壊への東京（昭和期戦前）、東京都出版、1972年11月、第1151頁。

③ 日本国防妇人会：ウィキペディア・フリー百科事典：http://ja.wikipedia.org/wiki/国防婦人会，存续时间为1932年至1942年。

帮凶。

战时体制下，全民总动员为国家出力，慰问袋和国防献金等活动在小学和国防妇人会的推动下比较活跃。除此以外，"千人针"活动在学校的女生之间进行。千人针是日本人的一种信仰，在长约一米的白色（黄色、绿色、蓝色等均可）布上面由一千个女人用红线每人缝制一针。[①] 千人针是日本女性在家中为士兵临行时献上的礼品，用来保佑士兵武运长久，在战场上能够获得幸运的垂青。这种习俗在第二次世界大战期间的日本国内达到顶峰，就连美国陆军内由日裔组成的第442团级战斗队也有这种习俗。

东京作为战时体制下的"中心城市"，在市域改编和城市建设过程中，城市化进展仍然在进行。随着人口增加，工薪阶层通勤人数增加。实际上，大正12年（1923）东京站乘客人数2550万人，居日本第一位。大正14年（1925），山手线全面开通，工薪阶层的上班时间一般在上午9点到傍晚，朝夕出现了"上班高峰"。当时工薪阶层一个月的收入如下：夫妇有三个孩子，再加上一个女佣，如果是科长级别的，一个月180日元；如果是夫妇加一个女佣三人生活的公司职员，一个月120日元。[②] 从奖金、退职金、女性事务员的制服等情况来看，当时的公司制度已基本具备现代公司制度的雏形。周六工作半天，周日和节日休息。中午饭有人在食堂吃，多数从家里自带盒饭。当时的职种主要以矿业、机械制造业、贸易、金融、保险业等居多。女性占二成，主要从事打字员、电话接线员等工作。[③]

关东大地震之后，从新宿、涩谷、池袋等JR山手线主要的车站放射状延伸，到现在仍在运营的小田急、东急等私铁在当时相继开通。交通沿线开发了大量的住宅地，居住的人越来越多。专门研究城市史的日本

[①] 不过对寅虎年生的女性而言是特例，允许缝上等同于自己年龄的针数，因为虎在日本文化中有"千里行、千里归"的意向，可以保佑士兵安全归来。有些时候千人针会缝上五日元或十日元的硬币，因为日语中"五钱"越过了"四钱"（しせん，音同"死线"），"十钱"越过了"九钱"（くせん，音同"苦战"），因此五钱十钱有"越死线越苦战"的祝福含义。千人针通常由女人拿着在神社或火车站附近"乞针"。

[②] 『サラリーマン』2巻11号、サラリーマン社、1929年2月、第82—83頁。

[③] 読売新聞昭和時代プロジェクト『昭和時代』（戦前・戦中期）、中央公論新社、2012年7月、第68—69頁。

法政大学冈本哲志教授做了大正 10 年（1921）和昭和 12 年（1937）在丸之内工作的工薪阶层的居住分布图，从工薪阶层居住区域来看，明显呈现出沿着铁路沿线向郊外扩散的趋势（见下页图示①）。工薪阶层作为新的社会阶层，连接着郊外和都市内部，承担着支撑现代生活文化的作用，形成崭新的都市与社会空间。

这一时期，城市文化发展出现了新的趋向。漫步在银座街头的"モガ"和"モボ"，显示出欧美特别是美国文化在日本的流行。"モガ"是大正年间到昭和初年的流行语，有摩登女郎之意。当时被称为摩登女郎的女性特征是洋装、将眉毛剔去后用墨画上细长的弓形眉形、腮红明显、涂红色口红等，头发为短发，是当时欧美非常流行的将耳朵隐藏起来的发型。相对于"モガ"，"モボ"是摩登公子之意，戴着帽子，穿着灰色的上衣，水兵短裤、喇叭裤或阔腿裤，粗格子外套。他们游荡在东京银座等繁华街头，给人一种不良少年的印象。在当时一般人的眼里，这些时髦女郎行为轻浮、风骚，毫无良家女子的风范，这些时髦公子只不过是打扮得奇装异服的不务正业的人而已。带有贬义的"モガ"和"モボ"所模仿的对象是美国的电影。第一次世界大战之后，欧洲各国呈现凋敝状态，代之而起的是因军事物资出口而经济迅速腾飞的美国，在日本，从时尚到电影、爵士乐、咖啡馆、舞厅，无一不显示出对美国"灿烂"文化的憧憬。

东京也正是因为大地震之后，原来的"江户子"生存土壤消失，东京的"洋风化"加速。东京作为现代都市，引入欧美流行文化，形成新的消费生活样式，以上流社会为中心，显示出使用现代商品的倾向。资生堂名誉会长的儿时记忆为我们了解那个时代的消费生活提供了一定的信息："每逢周六，从住处惠比寿长者丸乘坐东京市电换乘两次去银座。等着父亲工作结束这段时间，母亲有时在百货店松坂屋选择和服，有时看其他比较流行的东西。傍晚，和父亲会合，在资生堂饮茶室吃到番茄酱米饭（上面还插着一个太阳旗）儿童套餐，是最高兴的。在这里，男性大多穿着西装。吃完饭，一家人就在银座大街闲逛，两边各种店铺，

---

① 読売新聞昭和時代プロジェクト『昭和時代』（戦前・戦中期）、中央公論新社、2012 年 7 月、第 70 頁。

华丽的夜景和店铺的灯光交相辉映，非常美丽。"① 住在郊外的一家人周末生活在银座中度过，滋润的消费生活，让人看不出战前战时的紧张状态。

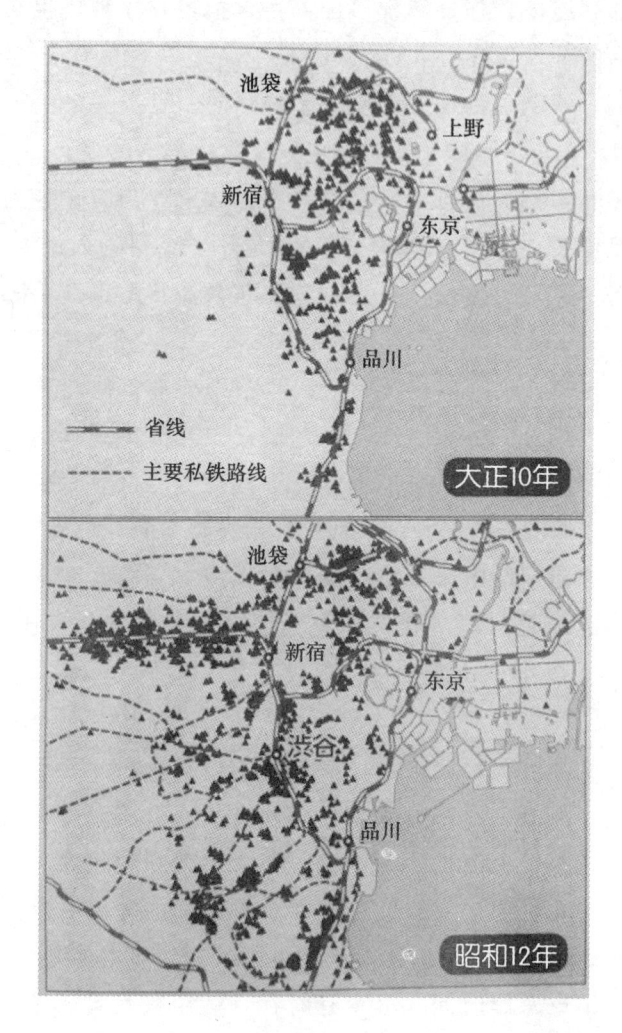

日本大正 10 年（1921）与昭和 20 年（1937）在丸之内的
工薪阶层居住分布示意图

---

① 読売新聞昭和時代プロジェクト『昭和時代』（戦前・戦中期）、中央公論新社、2012年7月、第73頁。

第三章　城市化发展初期的年中行事传承与变迁　　81

从上图可见，1921—1937年的发展变化明显，工薪阶层的居住区域沿着铁路沿线向郊外扩散。

相比上流社会的生活享受，普通的市民的物资生活极其匮乏。随着东京市域扩大，人口增加到700多万，对于粮食等物资全部依赖于其他府县供给的东京而言，市民的生活困难状态随着战争局势扩大更加困顿。衣服等日常用品缺乏，为了获得一点点东西，到处排起了长长的队伍。东京市在昭和16年（1941）4月，实施配给制度，最初是米，后来又追加了豆类，随着战争局势恶化，又追加了薯类、麦类、面包等。配给对象在昭和18年（1943）4月超过800万人，一日的消费量达到2850吨。① 大多数东京市民忍饥挨饿，过着吃了上顿没有下顿的生活，东京市民的日志中记载了这一段时间的饥饿和梦魇一般的生活。② 当时，很多东京市民为了获取一点粮食或蔬菜躲避警察冒险跑到郊外去购买。乘车去郊外购买的市民，为了不让警察发现所买的物品，想尽一切办法逃避警察的搜查（如下页图所示，市民为躲避搜查将购买的物品挂在车外）。一位市民在纪元节去郊外买蔬菜的日记中记录了"可耻的记忆"，他希望纪元节警察会放松一些，结果还是被警察抓住，购买的蔬菜被没收。③ 粮食供给困难，政府推出"战地农园化"的方针，城市空地、周边开垦以及农村地区增产等农园化推进，在东京甚至出现标语："任何地方都可以种南瓜。"尽管如此，增产量微乎其微，并没有给市民的生活带来多大的改观。后来增设"国民食堂"，大约335间，每天贩卖60万人份，代替通勤人的中餐，或一般家庭的食物补给，从当时排队的状态来看，东京市民的饮食不足可见一斑。针对妇女营养不良，而导致婴儿体格矮小，甚至死亡率攀高的情况，一位医生曾提出建议增设"母亲食堂"，以供给妇女特别是生育期妇女一定的营养，认为与鼓励生养相比，健康地生育、生育健康的婴儿更加重要。④

---

① 東京都百年史編集委員会：『東京百年史』第五巻：復興から破壊への東京（昭和期戦前）、東京都出版、1972年11月、第1037—1039頁。
② 同上書、東京都出版、1972年11月、第1046—1051頁。
③ 暮しの手帖編集部：「戦争中の暮しの記録」、大橋鎮子出版、1980年8月、第126頁。
④ 東京百年史編集委員会：『東京百年史』第五巻：復興から破壊への東京（昭和期戦前）、東京都出版、1972年11月、第1070—1076頁。

东京市民将购买的米等东西挂在车外以逃避警察的搜查①

  战争长期化使得日本物资原料极度匮乏，战争遂行必需物资增加，另一方面普通国民的衣料、日用品消费有所限制，政府对物资统制强化。昭和17年（1942）实施衣料票证制，随后，火柴、肥皂、蜡烛、裁纸、鞋子等日用品都实施票证制。妇女穿"モンペ"②（如下页图所示），男人穿国民服，颜色也是国民色。昭和15年（1940）薪炭配给制实施，一般家庭燃料不足，有些主妇不得不带着孩子拾杂草补充燃料做饭。

---

  ① 暮しの手帖编集部：「戦争中の暮しの記録」、大橋鎮子出版、1980年8月、第127頁。
  ② "モンペ"原是日本东北一带农村劳作服，战争开始成了女性的日常服装。暮しの手帖编集部：「戦争中の暮しの記録」、大橋鎮子出版、1980年8月、第20—21頁。

日本东北一带农村劳作服

战局恶化，加之街头巷尾"败战"的传闻，不难想象，生活困顿、忍饥挨饿的市民呈现出自暴自弃的心理状态。市民厌战的心理，加上种种传闻，再加上小偷横行，当时的社会状况可想而知。政府为了封住流言，推出了一些异想天开的政策。比如，"以必胜信念坚守职责，家庭也是战争阵地，举生活而尽奉公之诚心，齐心协力国土防卫，不受流言蛊惑，信赖政府指示安排，坚持到最后"，等等。同时，政府为建设"大东亚共荣圈"，增加人口，提出"结婚报国总动员"，推行结婚奖励政策。昭和16年（1941），国民平均结婚年龄，男28岁，女24岁，之后的十年间，男女各提前三岁，日本厚生省计划以一对夫妻生育五个孩子来计算，至昭和35年（1960）为止，人口将会增加到一亿。[①]

昭和19年（1944），随着日本在太平洋外防御圈的土崩瓦解，美国对日本本土进行空袭，东京遭到连续轰炸与投掷燃烧弹，这对于居住在拥挤的东京郊区、分布稠密的居民来说是一场重大的灾难。一批接一批

---

① 東京百年史編集委員会：『東京百年史』第五卷：復興から破壊への東京（昭和期戦前）、東京都出版、1972年11月、第1103頁。

的轰炸机，倾泻下数以吨计的燃烧弹，把地球上人口最稠密的郊区，6.5公里长、4.8公里宽的下町地区变成一堆巨大的篝火。这种令人惊恐的浩劫，延续了3个多小时。在空袭半小时后，熊熊烈火蔓延不可控制，日本人不得不放弃救火的打算。每小时30海里的烈风，加剧了大火的蔓延，它把通红的热火渣吹到附近塞满了逃命之人的大街小巷。"大火之风带着的颗粒火星沿街蔓延着，我看着大人、儿童奔跑逃命，像老鼠似的四处疯狂冲撞，火焰像活物一般追赶着他们，把他们击倒，他们就在我的面前成百成百地死去。"一名工厂工人土仑这样写道。当时，他同他的妻子、两个孩子，在一个学校的屋顶上，浸在水箱里才幸免于死。"眼花缭乱的亮光，雷声般震耳的响声，整个场面使我想起关于炼狱的油画——真是地狱深渊里的一幅真正的恐怖景象。"土仑的一家比大多数同胞要幸运得多。许多日本人挤在寺院和大楼里躲避，但仍不免在高温下窒息。或者在公园里的池子和河流中活活被滚水煮死。这些池子和河流成了大锅，几千几万见水就想跳进去逃命的人，都死在这些大锅里。熊熊的火焰和灼热的气体摧毁了下町的大部分地区，所造成的高温，超过同盟国空袭德国汉堡和德累斯顿时白热风暴性大火。那天夜间吹过东京的强烈风，使得风暴性大火没有发展下去，但是，它把氧气送入熊熊的烈火，以致造成更强的热度。地面上的火使气温高升华氏1800度，金属融化了，人和许多木头建筑物自发着火。①

　　东京在昭和前期早期城市化进行的过程中，恰逢战前和战中，"大东京"的建设与战争几乎同步进行。工薪阶层从郊外向东京市内通勤的"钟摆式"成为基本的生活方式，并出现了早晚高峰。在战时体制下，国民的生活一度依赖于配给，衣食以及日用品匮乏，并随着战争局势恶化，国民的生活陷入困顿。另一方面，上流社会仍然可以享受一家周末从郊外到银座的都市风生活，他们在最好的餐馆聚餐，惬意地漫步银座街头，欣赏流光溢彩的银座夜景。日本的大众文化也随着城市化的进展，逐渐由模仿欧洲文化向憧憬美国文化发展，时尚、爵士乐、电影等成为东京市民的大众娱乐主要内容。

---

① 二战史：铁血论坛 http://bbs.tiexue.net/bbs172-0-1.html。

第三节 战时体制对年中行事的影响

明治初年,正月、盂兰盆节、五节供等常年惯行的江户时代年中行事与明治时代的祝祭日并行一段时间,明治5年(1972)采用太阳历,明治6年(1973)废除五节供,之后,明治政府设定了一套强调突出天皇政权的祝祭日体系,以加强天皇中央集权统治地位。这套祝祭日体系经历了大正时期,基本保持没变。

进入昭和时代,相关祝祭日基本上延续了明治、大正时期的规定,只做了微调。去除明治天皇祭,变成大正天皇祭,同时,变更天长节,又将明治时代的天长节改为"明治节"。昭和2年(1927)3月3日公布祝祭日的敕令第25号如下:元始祭(1月3日)、新年宴会(1月5日)、纪元节(2月11日)、春季皇灵祭(春分日)、神武天皇祭(4月3日)、天长节(4月29日)、秋季皇灵祭(秋分日)、神尝祭(10月17日)、明治节(11月3日)、新尝祭(11月23日)、大正天皇祭(12月25日)。除此以外,政府规定了地久节和海军纪念日等节日。这些祝祭日至昭和23年(1948)7月20日"国民の祝日に関する法律"(国民祝日相关法律)公布实施而废止,延续了22年。

通过对明治10年(1877)以来和大正时代、昭和前期的祝祭日体系进行比对,可以看出这三个时期政府所规定的祝祭日的设定基本没有什么变化。

时代 祝日	明治十年以来	大正时代	昭和前期
	元始祭(1月3日)、新年宴会(1月5日)、纪元节(2月11日)、春季皇灵祭(春分日)、神武天皇祭(4月3日)、天长节(4月29日)、秋季皇灵祭(秋分日)、神尝祭(10月17日)、新尝祭(11月23日)、先天皇祭(各忌辰)。	同左	同左,增加明治节(11月3日)

自从明治6年（1873）废除五节供，采用太阳历，并设置"天皇家典范"的祝祭日以来，经大正，至昭和前期，基本没有什么变化。昭和初年祝祭日的公布与实施，基本上延续了明治大正时代的特征，以明治天皇诞生日为必须祝贺的"天长节"改为"明治节"，和规定的新尝祭、神尝祭、神武天皇祭等祝祭日，都具有浓厚的宫廷祭祀色彩。昭和初年，政府公布的节日设置，明显延续明治以来强调以天皇为中心的皇权思想，充分体现继续以加强天皇中央集权统治为目的的思路。

明治以来的"皇统思想"在昭和15年（1940）纪念"纪元二千六百年"的祭典中得以加强。然而，实际上，明治政府颁布太阳历之后，在地方改良运动最盛期的明治42年（1909），民间仍然旧历与太阳历并行，这就表明各地仍然离不开旧历。之后，虽然渐渐向着新历改变，经过大正时代，至昭和30年（1955）前后旧历仍然被使用。[①] 太阴历在民间的持续存留，说明太阴历对百姓的实际生活具有协调指导作用。那么，政府规定的祝祭日在民间到底起到多大的影响，对百姓的生活起到怎样的指导作用，在民间对新历的"抵抗"中可以略知一二。

昭和初年，城市化快速发展，东京市内人口饱和。随之，交通设施的发展，郊外住宅激增，住宅和工作地点分离有所结果，促使郊外人口倍增。加之，东京大地震之后，东京市内受灾严重，郊外人口激增。在这样的背景下，昭和7年（1932）合并町村，将周边5郡82村编入东京市，新增品川、目黑、涩谷、中野等20个区，"大东京"市诞生。在"大东京"新区设定十条基准里，明确规定在新区设定时要充分考虑周边5郡82村的风俗习惯。"相关町村住民的生活上的利害、传统、习惯以及政治上的诸事变得复杂，这一项在新区设定基准里作为第十条：其他沿革、风俗、习惯、政治关系等考虑进去。"[②] 新区设置基准中的这一条实际上比任何一项都困难，实施起来并没有那么简单。至于如何具体实施，由于没有找到相关资料，不得而知。但是，东京市域扩张的过程中，风俗习惯被列入考虑范围之内，在城市化初期的发展中，无疑是非常可

---

① 田中宣一：『年中行事の研究』、桜楓社、1992年7月、第226頁。
② 東京都百年史編集委員会：『東京百年史』第五巻：復興から破壊への東京（昭和期戦前）、東京都出版、1972年11月、第634頁。

贵的。

随着日本对外扩张的步伐加大，日本由昭和初年的战前状态进入战时体制。战时体制下，东京市民的生活不安、生活困难达到极限。国家倡导的战时准备，成为战争遂行至高无上的命令。对于东京市民而言，战时体制下的最低生活基准，与其说是生活，莫如说是生存。这种状况下，市民的"衣食住行"等物质资料没有"余裕"，连身体健康都不能保证，劳动时间延长，休养、余暇的时间都被压缩，工作紧张，疲劳积蓄，睡眠不足。市民的日常生活，变成战场生活。虽然一些生活科学者为维持高度战斗力建言，指出要以国民的生活观、生活样式、生活习惯等改善作为国家新的更大的目标，以促进国民生活的更新、生活的合理化、生活的科学化等，以达到战争完胜的决战最低生活。[1] 但是，现实是国民疲于应对最低水准的生活，抑或说生存，而无暇顾及其他。那么，非常时期的战时体制下的年中行事举行与展开也就无法如太平时期那么热闹，原本年中行事带有一定的娱乐性质，对于疲于生存的东京市民而言，娱乐本身就已经是很奢侈的事情了，何况大张旗鼓地举行什么仪式。

下面这段描述真实地反映了日本昭和前期战时的新年，也从侧面能够体会当时东京市民的心境。

美国B-29式轰炸机来到日本上空，这对于居住在拥挤的东京郊区的稠密居民却是一场新的灾难。对于东京百姓来说，真是沮丧一年的苦难结尾。在1944年这一年中，生活必需品日益匮乏，美国的潜水艇活动，给日本带来巨大损失，太平洋外围圈的军事失败近在眼前。尽管美军的高空轰炸没有使日本工厂损失严重，但是，几百吨炸药如雨一般地落在日本拥挤不堪的市区，造成的伤亡和破坏还是极为严重的。随着美军对市区空袭的频繁，日本政府和公民也提高警惕，加紧空防。在家家户户的后院和沿着大路中间的花坛，都挖了简陋的防空壕。同其他日本战时生活方面一样，士气建设和宣传起了重要作用，老百姓发誓"搞好空防取得胜利"，消防演习在军乐声中加紧操练。为了弥补战斗机防御的缺乏，不得不在很大程度地信赖探照灯和高射炮。当日本参谋本部迟钝地

---

[1] 東京都百年史編集委員会：『東京百年史』第五卷：復興から破壊への東京（昭和期戦前）、東京都出版、1972年11月、第1020頁。

发出它的全面防空计划和对全国进行灯火管制的批示时，只剩下一支不适用的专业消防队了。对付美军空袭的担子落到从乡镇议会和街道会社中抽来的志愿者身上。警报声如此经常，以致人们开始"希望寂静无声"。到1945年初，把学龄儿童成批疏散到乡村。1944年秋，根据政府的规定，日本百姓种了几十万棵向日葵，可怜巴巴地想使百姓越来越单调的生活过得愉快些。但他们不久便发现，美军的轰炸已经使百姓置身于战争前线。当时，日本百姓生活得很悲惨，配给制度严格控制着食物，做新衣服用的布很糙，人们宁可穿着脏衣服而不敢洗，怕把衣服洗破。由于海运遭到破坏，进口减少，吃的东西越来越缺乏。大米必须优先配给调回保卫本土的300万名士兵。城市街上早就不见狗的影子了，人们用狗肉来解馋，尽管这是违法的，人们还是无奈。当时，东京黑市泛滥，工人靠黑市来补充鱼类和蔬菜的供应不足，白糖和肥皂几乎见不到了。为了节省橡胶和皮革，人们只好穿木底鞋。1944年寒冷的冬天到来了，做饭和取暖炉子用的木炭、木材奇缺，没有办法，整座整座图书馆被卖了当燃料。街道会社已经成为战时老百姓依靠的主要机构，会社清理被炸毁的家园和建筑物，收集易燃碎片。政府的规定加上供应量的每况愈下，艺伎馆、酒吧间、饭馆也维持不下去了，被迫关闭。唯有电影院，按照删节了的节目单，放映适当的"爱国"宣传片，总算使战时生活不那么单调乏味。随着天气越来越冷，萧瑟的冬天愈加使人意志消沉，从前线传来的消息更坏，因为空袭不断加强。东京市区乡镇议会贴出的半官方通告，标题是"新年快乐！"其内容是典型的强调战斗精神，而把愉快的气氛缩小到最低限度，通告说："面临战局可能日益严峻的情况下，让我们怀着必胜的信心和坚决的战斗精神庆贺新年，今年我们要使战争结束。"[1]

官方强调以战斗精神庆祝新年，而愉快的氛围将被压到最小的范围，东京市民在沮丧的战争后期的惊恐轰炸中挨过新年。新年是一年伊始，自古以来最重要的年中行事，倘或尚且如此，那么，其他的情形就不难想象

---

[1] 二战史：铁血论坛 http：//bbs. tiexue. net/bbs172 - 0 - 1. html。

第三章　城市化发展初期的年中行事传承与变迁　89

了。翻检永井荷风①的随笔日记可以了解到战时体制下的节日及其社会情形。

　　昭和十六年（1941）十二月三十一日：就寝时看看桌子上的时钟，已经十二点零五分，没有听见除夕之夜的钟声，这也是战乱之过，真可怕。②

　　昭和十七年（1942）正月元日：因为旧历被禁止，从今年开始太阴历的晦朔四季的节序无法准确知晓。看昨夜月稍圆，今天不是旧历十一月就是十二月的十三或十四。今天晴空万里，没有一丝云彩。邮箱里没有一张贺年片，为人们如此遵守法令感到悲哀。只有野间五造寄来了新年贺词和印刷的明信片，老先生至今还保留着旧习，可喜可敬。③

　　昭和十七年一月初三：因为邻组老妇早就告知大晦日夜半开始禁止点灯，当然整个正月街灯也是不允许点的。因为人们喜欢正月夜里在灯火通明的地方边走边喝酒，禁止点灯就是要防止这样的事情发生。元日以后大家都不出门，每夜都倚着桌子呆坐。④

　　昭和十七年二月初三：此夜节分⑤，该撒的豆子若没有，那些鬼都在高兴吧。说起节分撒豆子，家家却没有豆子，"福气不会来，鬼也驱赶不走"。⑥

---

①　永井荷风（1879年12月3日—1959年4月30日），东京人，本名永井壮吉，号金阜山人、断肠亭主人等，小说家。他的日记《断肠亭日乘》记载从1917年（大正6年）9月16日一直到他死去前一天的1959年（昭和34年）4月29日，记述了当天的天气、家事、来客、出版商谈、外出、交友、散步环境与心情、小巷风景、风俗、世相、传闻、物价、体制批判、读书、读后感等，甚至也记载了去的妓院以及交往甚密的女性等隐秘内容。日记里既有对动荡时期世间百态的反映与批判，也有一个诗人敏锐的季节感悟，不论是作为读物，还是作为近代史资料，都是极有价值的。《荷风日历》上、下两册，由扶桑书房出版，抄录了永井荷风日记中1941—1944年的内容，恰好反映了日本发动侵略战争后期的社会状况。
②　永井荷風：『断腸亭日乘』（五）、岩波書店、1981年、第243頁。
③　永井荷風：『荷風日暦』（上）、扶桑書房、1947年、第147頁。
④　同上书、第148頁。
⑤　节分：指立春、立夏、立秋和立冬的前一天，意味着季节的更替。江户时代以后一般指立春的前一天，这一天相当于"大晦日"。这一天寺院、神社以及人家里举行驱鬼撒豆仪式，以防止外面的恶灵邪气入侵，一边抛撒豆子一边喊"福内鬼外"。现在一般家庭或幼儿园也会举行撒豆仪式，由爸爸或老师扮演鬼，孩子们一边拿豆子打鬼一边喊"福内鬼外"，仪式完毕以后，小孩子会数出与自己年龄同等数目的豆子吃掉，祈祷一年无病无灾，健康成长。
⑥　永井荷風：『荷風日暦』（上）、扶桑書房、1947年、第157頁。

昭和十七年三月十九日：上野五重塔旁边的茶屋，每到赏花时节汲茶女孩都穿上赤色衣服，系上红围裙，警察署认为赤色太醒目，让她们换成绿色或桃色，她们不服，让警察署的人拿出禁止的理由，并诘问太阳旗不是红的吗？红围裙是赏花时节最合适的服饰了。如果这也不行的话，你们有能耐别让春天到来，别让花开放。这些话让巡查哑口无言，于是每年都允许系红围裙。①

昭和十七年十一月初六：蔬菜也实行了票证制度，要到町会指定的蔬菜店去买，其余的蔬菜店不允许购买。看这情形，百姓离着挨饿不远了。②

昭和十八年（1943）十二月三十一日：自从今秋国民兵召集以来，专制政治的毒害波及社会的方方面面。父亲四十四、五岁就丧失了祖先传下来的家业，成了工厂的职工，其子十六七岁先是没了学业，成了工厂职工，然后又成为士兵，战死战场，母亲在缺少食物的苦痛中养育着幼儿。举全国之力的这场战争让人不堪重税的负担。现在不管胜负，大家唯一等待着的就是战争的结束。然而，我认为战争结束之时，政治比现在还要残忍，今日的军人政府犹如强秦之政治。国内的文学艺术全部被消灭，随后断然会实行关闭剧场，烧毁债券，没收私有财产。诚如此，不亡国已是万幸。③

昭和十九年（1944）一月初一：多云阴暗，正月元日犹如秋之傍晚。没有鸟鸣，亦没有犬吠，门巷寂寥，白昼如夜。终日在家，只是烧烧炭，淘淘米，煮煮饭，似乎很忙。去年别人给的一些东西若还有剩余的话，近三天内应该不会挨饿。这两三年多亏了亲朋好友的一些馈赠，谨记芳名在左（后面记了很多人的名字以及所送的东西）。④

昭和十九年十二月三十一日：晴转阴，夜里十点空袭警报响起，须臾解除。收到从代代木运来的鸡肉，一只五十元。夜半又响起警报，炮火声接连轰鸣。就这样在昭和十九年的最后迎来了落寞的新年。我邦开辟以来前所未有，这都是军人之过，其罪永难忘记。⑤

---

① 永井荷風：『荷風日暦』（上）、扶桑書房、1947年、第167頁。
② 同上书、第214頁。
③ 永井荷風：『荷風日暦』（下）、扶桑書房、1947年、第134頁。
④ 同上书、第139—140頁。
⑤ 永井荷風：『断腸亭日乗』（五）、岩波書店、1981年、第511頁。

昭和二十年（1945）八月七日：天气阴凉，看见人家院子里竖着七夕的竹子，这就是推迟一个月的"节句"了。①

从永井荷风的日记中，可以看到战时体制下的官方对年中行事的态度、百姓的困窘生活、季节感错乱、毫无节日生气的节日生活以及人们厌战的心情等。在正月即日本的新年记载中，官方从1942年开始完全禁止旧历以至于让人无法感知季节的转换，禁止奢侈品制造与贩卖，禁酒，②禁止点灯，禁止邮寄贺年片⋯⋯到了1944年的正月，门巷静寂，人们只能待在家里，并忍受着食物匮乏的痛苦。由于实行配给制，食物缺乏，人们在困顿中难以维持日常生活，更不用说承续节日传统，1942年二月初三作者以调侃的口吻记述了没有豆子的节分，同时，字里行间也透露出无奈的情绪。百姓在战争动荡中身份不断被迫转换，很多人失去祖业，由农转工，由工转军，有的最后战死战场，人们对战争厌恶，对体制批判，唯一等待的是战争尽早结束。

第四节　城市化发展初期的年中行事传承与变迁

第一次世界大战期间的快速工业化，以及由于市内有轨电车和铁路系统的建成，带来越来越多的劳动大军流动，为东京城市扩张创造了有利条件。同时，由于1923年关东大震灾，使得大量人口涌入郊区，加大了城市扩张的动力。19世纪末，以东京为辐射中心的日本全国铁路系统已经建成，到1919年，城区中心著名的山手环线全线贯通，通勤交通方式的改变使得以山手环线各站点为核心的东京副中心（如新宿、涉谷、池袋等）迅速发展起来。同期，许多郊区的私人铁路线路也把终点站延伸到山手线的各站点，极大地推动了东京周围农村地区卫星城镇的发展。20世纪30年代，在离东京中心30公里半径的范围内有相当数量的郊区城镇和大学校园小镇在铁路沿线建设起来。③

---

① 永井荷風：『断腸亭日乘』（六）、岩波書店、1981年、第61頁。
② 永井荷風：『断腸亭日乘』（五）、岩波書店、1981年、第48頁。
③ 虞震：《日本东京"多中心"城市发展模式的形成、特点与趋势》，《地域研究与开发》2007年第5期。

昭和初期的东京城市化发展伴随着"大东京"的进程而急速发展。昭和初期继续完成担负着东京大地震之后的重建和关系到东京规划发展的"帝都复兴计划"的未完事业，主要由东京的市町村自治体为主导，国家或者都道府县协助，筹划策定之后开始实施。当时，东京设立了"帝都复兴院"，由后藤新平负责规划设计并实施。在帝都复兴计划的实施基础上，东京近郊城市化迅速发展，首先随着交通的发展住宅化，其次，随着产业的发展，从郊外来东京市内通勤的人员急剧增加，昭和7年（1931），东京市域由15个区扩大至35个区，东京城市化进程加速。

城市化进程加速，各种问题也随之凸显。其中，奢靡的生活之风日益严重。从大正时期到昭和初期的生活改善运动，将"衣食住的消费生活、社会习惯全面合理改善"的总体目标作为社会事业，在官方和各种民间团体之间展开。其背景是对第一次世界大战结束之后，日本社会刮起的奢靡之风的批判，以及大战后受到欧洲生活合理化运动的影响，再加上城市"新中间层"（工薪阶层、白领等）扩大和女子初高中教育升学率的提高，还有对作为"家庭中枢"的女性关注提高等，这些正是生活改善运动目标形成的重要因素。大正后期开始的生活改善运动，提倡家庭、社会生活节约和合理化，风俗、道德健全化，特别是督促城市新中间层将这个问题放在生活中重要的位置上，根据新生活知识、生活技术提高消费生活，并以此为生活目标。官方此次运动的目的在于维持已有的社会秩序，是一场带有思想对策性的教育运动。生活改善运动作为自上而下的启蒙和教化，对民众的生活产生了极大的影响。

昭和前期，东京一方面朝着"大东京"迈进，意欲成为整个亚洲的"中心"，另一方面，又被卷入战争，逐渐陷入战争的旋涡而无法自拔。日本对外扩张带给东京的记忆从战争之前的狂热，到战争中期战时体制的困窘，战争后期遭受空袭的惊恐，再到败战之后的废墟重建，短短二十年历尽沧桑。昭和前期城市化进程中的东京像一辆疾驰向前的马车，而车轮又被拴上锁链，无法舒展向前，城市的发展因战争受阻甚至遭受重创。

在这种背景下，城市化进程中的传统习俗的延续和变化，必然也会受到很大的影响。在年中行事方面，昭和2年（1927）政府发布的十个祝祭日，基本延续明治以来"皇统"思想。政府的意识形态对民间产生

第三章　城市化发展初期的年中行事传承与变迁　93

多大的效应，可以从民间对这些祝祭日接受程度、怎样接受以及民间的年中行事如何延续和变迁等方面考察。

下表是依据大正末期至昭和初期东京五日市①年中行事②和1937年东京的年中行事③资料而作，通过参照比较，可以看出这一时期东京的年中行事的变化。

月份 \ 项目	东京五日市年中行事 （大正末—昭和初）	东京年中行事（1937）	备注
正月	元旦：到神社院内笼火，新年祝福；到附近神社参拜；孩子放风筝，玩板羽。 元旦至三日：本命年男孩汲"若水"；吃杂煮。 七日：七草粥，芹菜、荠菜、鼠曲草、繁缕草、宝盖草、芜菁、萝卜，实际上3—5种，或者自家种的蔬菜放几种做七草粥吃。 十三至十六日：小正月 十五日：小豆粥 十六日：奉公人回家，媳妇回娘家	初日出：在麹町九段坂上、下谷区上野公园、本乡区汤岛田神境内、神田区神田明神境内、芝区高轮台、芝区芝浦海岸、京桥区月岛海岸、深川区州区海岸、蒲田区羽田海岸等都是东京市民迎接新年日出的地点 元日—七日：七福神参拜 二日：年初第一次送货、新年首次书法 三日：元始祭 四日：政始 五日：新年宴会 六日：新年初次消防演习 七日：七种粥，把芹、芽、母子草、大萝卜、繁缕草、宝盖草、芜菁放进粥里做七草粥 八日：陆军始观兵式 十六日：奉公人回家	

---

　①　东京五日市：1889年设立五日市町，1893年入东京府，1943年随着东京改都制入东京都。

　②　「五日市の年中行事　その1　—大正末期～昭和初期—」『郷土館だより』第30号、1990年8月15日；「五日市の年中行事　その2　—大正末期～昭和初期—」『郷土館だより』第31号、1990年10月25日。

　③　東京市施案内所編集：『東京の四季：年中行事と近郊の行楽地』、東京市出版、1937年。

续表

项目 月份	东京五日市年中行事 （大正末—昭和初）	东京年中行事（1937）	备注
二月	三日或四日：节分，唱"福内鬼外"撒豆驱鬼，并数出与年龄同数目的豆子吃。 八日："事八日"，驱邪预防恶疾。	三日：节分，作为季节的分界线，是立春的前一天。来自中国的阴阳道，开始于1200年前庆云3年（706）12月（太阴历），这天诸神社与寺院举行追傩仪式。 八日：针供养 十一日：纪元节，建国祭。上野公园、靖国神社、神宫外苑、代代木练兵场等地布置式场，民间团体、学生参加式典。 十七日：明治神宫祈年祭 中旬：雏市，日本桥十轩店以及市内各百货	
三月	三日：女孩节句，摆放雏偶人、年糕。 二十一日：春彼岸（春分前后）	三日：上巳节（雏祭），在日比谷公会堂举行日比谷雏祭 十日：陆军纪念日 十八日：进入彼岸日 二十六日：帝都复兴纪念日	
四月	八日：花祭（释迦诞生日，灌佛会）	三日：神武天皇祭 八日：释迦诞生祭（花祭） 十一日：在明治神宫举行昭宪皇太后御例祭 中上旬：赏樱花，在各个樱花名所 中旬至下旬：赏樱草 二十九日：天长节 三十日：靖国神社春季大祭 月末：五月人偶市，日本桥十轩店以及市内各百货	

续表

项目 月份	东京五日市年中行事 （大正末—昭和初）	东京年中行事（1937）	备注
五月	五日：男孩节句，将娘家赠送的鲤鱼旗挂起，吃柏饼、赤饭，洗菖蒲浴。	一日：劳动节（劳动祭） 五日：端午节句，在日比谷公园前广场上竖立鲤鱼旗，并举行端午祭。 二十七日：海军纪念日，明治38年（1905）日本海军胜利纪念日。	
六月	三十日：做人偶并祈求预防苦夏。	各神社祭	
七月	盂兰盆节：用青竹搭建盂兰盆棚，铺上席子，棚内设佛坛，把茄子和黄瓜插上竹筷站立，叫马和牛，是灵魂的骑乘物，对应着正月七日，七月七日为盂兰盆准备日，迎送（祖先之灵）火，诵经，施恶鬼，盆踊（以前是盂兰盆的仪式，现在变成娱乐）。	七日：七夕祭 十二日：草市，又称盆市，卖一些盂兰盆节搭建祖先祭祀棚的饰物。临河岸举行花火大会	五日市盂兰盆至大正12年（1923）在8月举行，之后移行至7月
九月	九日：重阳节供 旧历八月十五：十五夜，赏月。 旧历九月十三日：十三夜，赏月。 二十三日：秋彼岸（秋分前后）	一日：震灾纪念日 九日：重阳节句 各神社寺院祭	
十月	十：十日夜，送田神归山。 十月二十日或十一月二十日：惠比须讲（惠比须是财神爷，商家正月供奉，农家秋天供奉）。	一日：东京市自治纪念日，明治31年（1898）10月1日东京作为一个独立的自治体开始政治新生命。 二十二至二十四日：靖国神社秋季大祭	

续表

项目 月份	东京五日市年中行事 （大正末—昭和初）	东京年中行事（1937）	备注
十一月	十五日：七五三，三岁、七岁女孩和三岁、五岁男孩穿着盛装由父母带着参拜神社。	三日：明治节，在明治神宫举行祭祀。 十五日：七五三，三岁、七岁女孩和三岁、五岁男孩到神社里参拜。	
十二月	正月准备：扫除、捣年糕、搭建"年棚"，大晦日吃跨年荞麦面等。	从中旬开始各地岁市 二十日：贺卡邮寄业务开始 二十四日：平安夜 二十五日：大正天皇祭 三十一日：大晦日，跨年仪式，年夜钟声。	

从大正末期至昭和初期的东京五日市年中行事和1937年出版的东京年中行事资料相比较来看，五日市年中行事没有出现明治以来颁布的"皇统"观念祝祭日，说明五日市地区的民众自有年中行事体系，受政府颁布的祝祭日影响没有那么大。五日市年中行事多与宗教信仰、生产关系（农耕方面）、人生仪礼（预防疾病、孩子成长等）有关，保留着江户以来的传统。五节供中的七夕作为盂兰盆节准备日，准备盂兰盆相关的事宜。日本直到昭和初期仍然保持着这样的"七月七日"传统，为即将到来的祭祀祖先的盂兰盆节清洗罪恶和污秽，所以这一天也叫"七日盆"，这天要扫墓，并且要用黄瓜、茄子扎成牛和马的形状来迎接祖灵。[①] 其实，至今在七月七日这一天，东京等一些地方仍有此习俗。五节供的正月七日、三月三日、五月五日三个节日的内容与1937年的东京行事相比，具有丰富的传统，并且家庭特征明显，如五日市五月五日男孩节供，将娘家赠送的鲤鱼旗挂起，吃柏饼、赤饭，洗菖蒲浴等行事内容就具有这样的特征。

单从1937年东京行事内容来看，五节供正月七日、三月三日、五月五日、七月七日、九月九日都有举行。较明治、大正时期相比，内容俭

---

① 柳田国男：『年中行事覚書』、修道社、1955年10月、第34页。

省，举办的场所在日比谷公园等地，举办形式很显然呈现出集体公共活动的特征，这是城市性民俗的一个主要特征。关于家庭内部如何举行，因为这里没有记载，无从得知。

"皇统"观念的祝祭日在这里基本都出现了，明治、大正时期除了机关、学校，普通民众对这些祝祭日似乎还多少有一些"抵触"，到了这一时期，一些民众团体也参加这些祝祭日，说明这个时期"皇统"思想的加强和民众的接受程度，如：纪元节（建国祭）在上野公园、靖国神社、神宫外苑、代代木练兵场等地布置式场，民间团体、学生等参加式典。

当时还出现了一年四季的赏花祭，如春天的樱花、初夏的紫藤、仲夏的紫阳、秋天的菊花等，并附有各地的赏花名所，从这一点来看，日本国民爱植物、爱花的心性可见一斑。观花之地多在近郊，近郊也就自然成了东京市民的娱乐之地。随着城市化进程的加速，因为郊区交通方便，花费不大，所以，郊区周边的观光成了市内民众出行娱乐的首选。

这一时期神社祭祀、寺院祭拜等社寺活动增加，基本集中在一月、六月、九月，各社寺活动多到不胜枚举，基本涉及市民的宗教信仰、生产关系以及人生仪礼，特别是关于孩子成长的仪礼祭拜，在这一时期更加兴盛。比如11月15日的七五三节，三岁、七岁女孩和三岁、五岁男孩到神社里参拜，祈求健康成长。七五三原本是关东地区的习俗，随着东京地区的兴盛而逐渐普及全国。

劳动节、平安夜固定下来，说明这些节日已经深入日本国民生活之中。圣诞节和大正天皇忌日同天，也正是因为这个原因，圣诞节得以迅速普及。在这里圣诞节虽然没有标注出来，实际上东京市民对这个节日是非常重视的。大正天皇崩于1926年12月25日，这一日被设定为"大正天皇祭"，圣诞节成为休日就是在这个时候广泛普及。至昭和3年（1928），朝日报纸出现"圣诞节现在是日本的年中行事，圣诞老人已经出色地成为孩子们的（圣诞老人）"的报道，说明圣诞节已然全面普及。昭和初期，从银座、涩谷道玄坂到浅草，很多咖啡馆都准备了圣诞节料理，店员穿着圣诞节装束迎客。昭和6年（1931）12月12日的东京报纸报道了这一盛况，据说近一万家咖啡馆举行了盛大的圣诞节。1944年，拍摄"加藤隼战斗队"的前线部队食堂照片里，有装饰着圣诞树的画面，战争中也有人庆祝圣诞节。①

昭和前期"皇统观念"的祝祭日逐渐被民众接受，年中行事在城市化中呈现出集体性的特征。圣诞节一类的西洋节日已然深入人心，融入百姓生活之中。城市化中人们与郊区的互动，体现在一年四季的赏花郊游之中。

战争中的社会变动，给东京带来很大的影响。永井荷风在他的日记《断肠亭日乘》中这样写道："昭和十五年（1940）三月三日：晴暖，午后来银座购物。春日和煦的阳光照下来，放眼望去，街上的年轻男女仪容显然越来越糟糕。东京过去传承下来的良风美俗、整洁干净等都市风俗至纪元两千六百年的今天全部消失殆尽。"② 从永井荷风的1940—1945年的日记中，我们可以了解战争后期的战时体制下，人们的日常生活难以维持、良风美俗被破坏等情形。在永井荷风日记有限的年中行事内容记载中，所见的是没有豆子的节分，各家庭院中寂静的七夕竹，没有钟声的除夕之夜，以及落寞寂寥的新年，这些佳节因战争衰落更让人倍感无奈和对战争的厌恶。

小　结

昭和前期，基本延续明治大正时期以天皇崇拜为中心的中央集权制度，并在已有的基础上进行强化。相关祝祭日只在明治大正时期的基础上做了微调，去除明治天皇祭，变成大正天皇祭，同时，变更天长节，又将明治时代的天长节改为"明治节"。昭和初年政府公布的节日设置明显延续明治以来的强调以天皇为中心的皇权思想，充分体现继续以加强天皇中央集权的统治为目的的思路。

随着昭和初年城市化进程加速，东京市内人口饱和。交通设施的发展，郊外住宅激增，"钟摆式"地往来于市内和郊外住宅地的生活与工作的方式固定下来。关东大地震以后，郊外人口更加密集，昭和大合并促使"大东京"诞生。在新区设定基准里，风俗习惯被列入考虑范围之内，

---

① 《圣诞在日本的传承与进化》，2013年12月24日08：10，来源：人民网—日本频道。
② 永井荷風：『断腸亭日乗』（五）、岩波書店、1981年、第20頁。

这对于城市化初期的发展中非常必要。

昭和前期，东京一方面朝着"大东京"迈进，意欲成为整个亚洲的"中心"；另一方面，又被卷入战争，逐渐陷入战争的旋涡而无法自拔。明治大正时期除了机关、学校，普通民众对"皇统"观念的祝祭日体系仍有些"抵触"，这一时期的一些民众团体也开始参加这些祝祭日，说明昭和时期"皇统"思想的加强和民众的接受程度。

东京的发展虽然因为战争受阻甚至重创，但城市化的进程仍然在向郊外蔓延。这一时期出现了一年四季的赏花祭，这些观花之所多在近郊，近郊也就自然而然成了东京市民的娱乐之地。随着城市化进程的加速，因为郊区交通方便、花费不大，所以，郊区周边的观光成了市内民众出行娱乐的首选。

随着西洋文化的进一步吸收，圣诞节已经融入人们的日常生活里，甚至出现在战地庆祝之中，说明西洋文化已扎根于日本文化之中。另一方面，传统仍在传承，这些延续着正月、五节供、盂兰盆节等传统的年中行事，并表现出地域和家庭特性。

城市化进程中，带给东京人都市文明的享受，和对年中行事的集体娱乐记忆。而战争带给东京的记忆从战前的狂热，到战中战时体制的困窘，到战争后期遭受空袭的惊恐，再到败战之后的废墟重建。战时体制下的官方对年中行事的态度是压制到最低限度，百姓的困窘生活、季节感错乱、人们的厌战心理，在毫无节日生气的节日里有所显现。

首先是城市化，加上文明开化等政治理由，再加上以大正时期至昭和初期的生活改善运动、战争等重大的社会变动为契机，时代性和地域性所具有的影响力在东京显现异常突出。而帝国时期的日本通过设定国家法定节日体系来强化国家神道信仰和国民天皇崇拜，从明治时期开始对国民进行精神、思想统治，至昭和前期终于将民众绑上侵略战车，任意驱使。

第四章

城市化高速发展中的年中行事传承与变迁

第一节 昭和后期社会背景

昭和19年（1944）11月至昭和20年（1945）8月，美国空军对日本98座城市实行大空袭战略。昭和20年3月10日和5月5日，美国空军集中对东京进行大规模轮番扫地式的轰炸，东京41平方公里几乎被夷为平地。东京成了受常规炸弹破坏最严重的城市，也是世界上受常规轰炸死亡人数最多的城市。据统计，昭和20年的轰炸，东京死亡人数在14万以上，全城50%以上的房屋被焚毁，100多万人无家可归。东京人深刻地感受到了战火的恐怖，以及与亲人朋友的生死离别之痛。

昭和20年8月15日中午，日本天皇裕仁广播《停战诏书》，宣布接受《波茨坦公告》各项条件，无条件投降。东京市民聚集在无线电收音机前，第一次听到天皇裕仁"现人神"[①]的声音。东京市民一直相信"神州不灭"，响应"一亿总特攻"的号召，经历了从粮食到生活必需品不足的困顿，再到战争后期的大空袭的恐惧。死守战争的东京市民迎来的是，面对一片废墟，听到天皇"玉音放送"[②]的败战宣告，所受到的心

---

① 在历史上，日本天皇一直以"现人神"自称，从第1代天皇神武天皇到如今第125代天皇明仁天皇，日本天皇"万世一系"，天皇作为"现人神"的观念深深地影响着日本民众，同时也保佑着天皇的统治。即使是在第二次世界大战后，日本天皇发表了《凡人宣言》，但天皇的影响力依然强大。

② 指播放第二次世界大战中日本天皇的《终战诏书》。由于日本天皇的声音首次向日本普通公众播出，天皇的声音被敬称为"玉音"，"放送"是日语"广播"的意思，故称"玉音放送"。

第四章　城市化高速发展中的年中行事传承与变迁　101

理打击是不言而喻的。

　　日本天皇宣布无条件投降之后，美军在日本建立军事基地，向日本派出军队，正式进驻，宣布对日本的占领。美国盟军成立了GHQ①机构，将总司令部设在东京，管理战后的日本。从昭和20年战败到昭和25年（1950）五年时间里，美国对日本的态度是以占领军代为统治日本，日本虽然有临时政府，但是首相的任命还得盟军总部的认可方才有效。这个时候日本政府是典型的傀儡政府，而美国对日本的主要政策是重新组织日本国家，使之成为一个非军事化的民主、自由的国家。

　　第二次世界大战后的日本百废待兴，首先面临的是粮食危机和通货膨胀。粮食危机曾一度引发东京市民极大的不安，饿死事件连续被报道。②直到昭和23年（1948）11月1日主食配给量一人一日"二合七勺"③，东京市民的粮食问题才有所好转。然而，战火的灾害，国土的荒废，这个时期粮食不足给东京市民生活带来的恶性影响是无法估量的。败战之后的巨额国债瞬间形同破纸，加上战后军工厂解散，大量日银券放出，日本通货膨胀加剧。实际上，日本产业复兴作为战后经济复兴的第一步，具体做法就是采取通货膨胀政策。东京市民为了生活，不得不直接到近郊农家去购买粮食物资，出现了物物交换的情形，东京市民因此获得生活必需的粮食物资，而近郊农家获得生活必需的衣物等物资。当然，这也不是人人都这么幸运，而出行郊区更多亏了早前修建的交通设施。

　　在粮食不足和通货膨胀的情况下，日本还必须向在日美军支付必要的费用。日本还要为美国盟军提供住宿等基础设施。东京市中心价值比较高的楼房大部分都被盟军使用，以GHQ为中心的丸内、日比谷、内幸町一带的周边地带宛若与外界隔绝的大租界一样。

　　战后日本在美国主导下进行了政治改革。昭和21年（1946）11月3

---

　　① 第二次世界大战结束，为执行美国政府"单独占领日本"的政策，麦克阿瑟将军以"驻日盟军总司令"名义在日本东京建立盟军最高司令官总司令部（英语：General Headquarters），在日本通称为"GHQ"。
　　② 東京百年史編集委員会：『東京百年史』第六巻：東京の新生と発展（昭和期戦後）、東京都出版、1972年11月、第45頁。
　　③ 日本的换算单位：大米1合 = 180mL = 150g，一勺 = 0.1合。

日公布新的《日本国宪法》，新宪法第九条规定日本永远放弃战争和战争手段。其他内容如下。

第一，改革天皇制：新宪法取消了天皇总揽国家一切统治权的权力。第二，改革议会制：设众议院和参议院，两院均由20岁以上男女公民直接选举产生。第三，改革内阁制：建立议会制内阁，总理大臣由国会确定，一般由在众议院中占多数席位的政党总裁担任。第四，改革中央集权制，实行地方自治。第五，改革司法制度：一切司法权均归最高法院和下级法院。同时，扩大司法机构的独立性，最高法院成为同国会、内阁鼎立的独立机构。第六，扩大民主权利：新宪法第10—40条规定国民的义务和权利，特别是过去政治地位很低的妇女，从此也和男性一样享有选举权和被选举权。

日本通过修改宪法，改革政治制度。同时，还在教育制度和经济等方面进行了一系列改革。昭和22年（1947）3月31日日本政府发布《教育基本法》，改革中央集权的教育行政体制，实行与地方自治相适应的地方分权制，由民选的各级教育委员会负责当地教育行政及教员任免等事务。国民义务教育由六年延长为九年。通过教育开发"人材资源"，有力推动日本经济的发展。

通过改革，地方自治成立。东京的情况比较复杂，战前战后的人口变化较大，市区内人口比战前减少53%，郊区增加32.6%，原有的35区也因战火，情况有所不同。几经讨论，昭和22年东京改制为23区，直到现在。

昭和25年（1950）6月25日，朝鲜半岛战争爆发。这次战争给日本带来了重大转机。因为紧邻朝鲜，日本成为美军的军事基地和作战物资供应地，战争"特需"直接推动了日本经济的发展。战争不仅给日本带来直接的经济效益，随之而来的政治影响也使日本经济间接受益，极大地助推了日本日后的经济腾飞。以昭和30年（1955）为界，这一年，美国把独立的政权交回日本，日本获得主权独立；日本经济从战后满目疮痍的废墟中站了起来，恢复了元气，为20世纪50年代中期之后的高速发展奠定了坚实的基础。战后的日本在美国的扶植下，利用朝鲜战争的特殊环境，迅速恢复和发展。至昭和30年，国民经济和工农业生产的主要经济指标均已恢复或超过战前水平，出现经济繁荣的"神武景气"①。1956年7月17日，日本经济企划厅发表题为"日本经济成长与近代化"的经济白皮书，宣告日本"已经不是战后"，"重建战后经济的工作已经完成，今后的课题是如何实现现代化"，强调日本今后必须依靠技术革新带动经济发展和现代化。此后，日本经济进入高速发展阶段。

日本在经济复苏的同时，开始东京都市计划，实施"帝都复兴"，在人口、土地利用、设施计划等方面作出规划。东京都市计划因人口规模超出预想，并且无计划的扩展而最后不得不放弃。但是，市街设施以及住宅建设在这个时期获得了发展。第二次世界大战后的东京住宅状况一下子退后到20世纪前后的水平，住房不足引起诸多矛盾激化。昭和23年（1948）7月，都营集团住宅建设开始，团地住宅开始发展。从东京市中心方圆20—40公里范围内建设大规模的团地，基本距离市中心平均通勤时间一个半小时至两个小时。

昭和39年（1964）10月10日至24日，第18届夏季奥林匹克运动会在日本东京举办。以奥运会举办为契机，东京获得高速发展。这一年，"东海道新干线"开通，当时世界最快的列车将日本人口最为稠密的三大地区连在一起。从大阪经名古屋到东京，乘坐时速210公里的高速列车仅用4小时。与当时世界最高时速的列车150公里相比，日本的新干线是轮轨运输史上一次划时代的突破。东京借奥运之际扩建城市，改善交通，兴修各种体育场馆及配套设施。东京奥运给日本人留下众多现代建筑，为奥运建造的代代木体育馆（游泳馆）及代代木第二体育馆至今仍在使用。如有75000多个座位的东京国立体育场，以及12座其他比赛场馆，它们大都分布在东京市的里里外外，其中柔道馆可称为运动建筑的典范。奥运会后出现了"伊弉诺"②景气，是日本经济史上自1965年到1970年期间连续五年的经济扩张，被认为是第二次世界大战之后日本时间最长

---

① 1956年，日本制订"电力五年计划"，进行以电力工业为中心的建设，并以石油取代煤炭发电。因此大量原油从外地进口，大大促进炼油工业的发展。日本经济至此不仅完全从第二次世界大战中复兴，而且进入积极建立独立经济的新阶段。1955年至1957年，日本出现了第一次经济发展高潮。日本人把这个神话般的繁荣，称为神武景气。"神武"取自日本神话传说中的第一位人间天皇的名号，用它命名此次经济繁荣意喻这是日本有史以来最大的一次经济繁荣。

② 伊弉诺（いざなぎ）是日本神话中诞生日本列岛的男神，是日本天照大神的父神。

的经济扩张周期之一。在这期间，有不少大企业合并，同时私家车和彩色电视快速普及。日本国民的收入水平快速提高，当时有所谓的3C（新三宝）之称，即汽车（car）、空调（cooler）、彩色电视机（color television）。在此期间，日本一跃成为世界经济第二大国。

东京奥运，日本共获29块奖牌，位列世界第三。奥运成果，一经大众媒体扩大、传播，极大增强了日本国民对他们在和平背景下，以集团方式获得的经济、技术、体育、文化等众多领域成果的自豪感。不仅如此，东京奥运还让日本在经济上又迈上了一个台阶，给日本经济高速增长一个加速度。因此，有人说奥运会是日本"战后"通往"世界经济大国"的桥梁。通过奥运洗礼，日本从一个"战后国家"驶入"世界经济大国"的快车道。1965年至1970年，日本GNP连续6年以10%的速度增长，贸易盈余增大并且稳定。1968年日本GNP超过西德，跃居全球市场经济国家第2位。在这种良好的势头下，日本首届博览会于1970年在大阪举行，正如博览会的主题"为人类的进步与协调"所言，日本做出了积极的努力和贡献。

20世纪70年代，日本虽然经历了两次石油危机，但很快化解。1972年中日邦交正常化，国际局势发生很大的变化。在这种背景下，日本经济继续增长。东京市中心高层大楼不断涌现，钢筋混凝土的高层住宅激增。几乎所有的家庭电器（冰箱、电视、电话等）普及，私家车增多。大学升学率升高，平均寿命增加。当然也出现了一系列的城市问题，如东京人口过密，周边农村人口过疏，城市公害、交通拥挤等问题日益严重。

1973年至1985年，日本经济平稳过渡。20世纪80年代前半期，在经济低速增长的前提下，日本开始建立健全财政制度、扩充社会资本和健全社会保障体系。20世纪80年代中后期，日本出现了泡沫经济。1989年，日本泡沫经济迎来了最高峰。这一年1月7日，昭和天皇去世，昭和时代结束。

第二节 高速城市化与大众生活方式的变化

以1945年8月15日战败投降为界，日本进入昭和后期。战后的东京，满目疮痍，百废待兴。昭和 20 年 8 月 27 日，东京计划局发表"帝都再建方策"，作为"百年大计"来实施。具体方案：建设都内住宅，75 坪①一户，周边修建自给农园；建设数十条 50 米至 100 米的道路；建设数个绿地；在 35 个区内建设学园街；将消费都市变成生产都市。以此为基础，将东京建设成 300 万人口的、绿色的、健康的都市，都市构造以农工为一体。事实上，东京当年就突破了预计的 300 万人口规模，加之占领军住宅行政的无统一性等因素，战后最初的"牧歌式"的都市计划倾覆。②

战后复兴迫在眉睫的问题是东京市民的住宅问题。昭和 20 年 9 月 1 日，日本警视厅调查显示，东京市民住在地窖子、临时房屋约 93000 户，31 万人。同年 11 月 1 日人口调查显示东京人口为 347.9293 万人，战灾使得东京市民多数失去了栖身之所。③ 败战后的日本住宅一下回到 20 世纪前后，加之这个时期粮食问题愈加严重，东京市民的生活苦不堪言。昭和 23 年（1947）战灾复兴院被废止，代之而起的是建设院，开始建设都营集团住宅。同年 7 月，美军放出物资，决定建设 1000 户都营集团住宅，在用地困难的情况下，在新宿区户山建造了 1000 户木结构平房团地，以后又在这片住宅区的边上建造了 1054 户的钢筋水泥结构的四层楼房的集体住宅。随后的公共住宅出现以市营、区营以及部分政府委托社会团体经营的公团等建造经营的两房一厅或三房一厅的小户或核心家庭④居住的小型住宅。此后，团地建设逐渐向郊外的郡部发展，从东京都的记载来看，都营住宅的建设用地在 1945 年、1946 年的时候都在东京都的区属地区，从 1947 年开始有 11.4% 的建设用地在周边的郡属地区，1948 年这个数字上升到 25%，1950 年为 17.7%，1951 年回升到 26%，而 1952 年

---

① 日本的 1 坪是 3.3057 平方米。
② 東京百年史編集委員会：『東京百年史』第六巻：東京の新生と発展（昭和期戦後）、東京都出版、1972 年 11 月、第 159 頁。
③ 同上书，第 141—151 頁。
④ 核心家庭指两代人组成的家庭，核心家庭的成员是夫妻两人及其未婚孩子。核心家庭之所以被称作核心，是因为在社会中，这种家庭结构最为普遍，并代表大多数人的生活。

则上升到 43%。① 随着东京的经济发展，都营住宅的建设不断地向郊外农村地区推移，不少山林原野开辟成大规模的住宅，促使郊外农村地区的城市化迅速推进。

日本城镇化推进还通过市町村的合并与优化，达到城市与农村的交流。明治 21 年（1888）、大正 11 年（1922）、昭和 20 年（1945）、昭和 22 年（1947）经历了几次大规模的市町村的合并，以及昭和 28 年（1953）日本自治厅（现自治省）制定并执行《町村合并促进法》，昭和 31 年（1956）又颁布《新町村建设促进法》，日本的市町村由明治 21 年（1888）的 15859 个合并到昭和 31 年（1956）的 4668 个。另一方面，市的建置则从明治 22 年（1889）的 39 座发展到昭和 31 年（1956）495 座。昭和年代町村的大合并为日本 20 世纪 50 年代以后的经济高度增长所带来的社会大变动奠定基础，农村地区的建设和发展与区域地方自治起到了积极的推动作用。② 东京于昭和 28 年（1953）颁布《东京都町村合并促进纲要》，同时开始启动合并事务。这一纲要认为："不拘泥于町村合并促进法的人口标准，要以地势、社会、经济情况为第一条件，谋求规模的适当化。"东京合并的最大目的还是为了改善财政情况，解决战后的经济困境。《东京都町村合并志》对 5 市 79 町村的财政、人口情况作了仔细的分析，其结论是："东京都的町村状况是，规模越小的町村越显示出它基础的脆弱，同时运营效率也是不高的，这些正好说明了町村合并的必要性。"通过合并，东京的 84 个市町村合并成 42 个市町村，减少了一半。③ 同时，东京在昭和市町村合并过程中，也得以优化，由原来的 35 个区合并为 23 个区。参阅下图与表格，可见从明治时期至昭和时期东京区域变迁。

---

① 俞慰刚、秦建刚：《日本社会城市化的历史轨迹——以战后东京城市发展过程中的城乡社会互动为中心》，《华东理工大学学报》（社会科学版）2009 年第 1 期。
② 同上。
③ 同上。

第四章　城市化高速发展中的年中行事传承与变迁　　107

昭和时期东京地图（23 区和周边市町村）

东京 23 区区域的变迁①

年代	变迁	区域范围
庆应 4 年（1868）	设置东京府	和江户时代大体相同，图表中间粗黑线内
明治 2 年（1869）	划定市街地 50 区	深灰色范围内
明治 11 年（1878）	根据郡区町村编制法，设置 15 个区	深灰色范围内
明治 23 年（1890）	根据市制町村制，15 区区域内为东京市	深灰色范围内
昭和 7 年（1932）	东京大震灾后，市街地扩大，东京新增 20 区，成 35 区	浅灰色区域
昭和 18 年（1943）	东京都制实施，东京市废止，35 区保持不变	浅灰色区域
昭和 22 年（1947）	35 区—22 区（3 月）—23 区（8 月）延续到现在	浅灰色区域

---

① 「市町村合併をめぐる状況等について」、『都側資料』、総務省 HP より。

东京城市化过程中，形成了新的公共空间和住居空间。昭和 23 年（1948）都营户山公寓（原计划是 1000 户，实际 1144 户）营建以后，三鹰市牟礼、葛饰区青户、板桥区莲根等地的公团住宅也相继建成。团地陆续出现，形成了"新的庶民——团地族"[《周刊朝日》昭和 33 年（1948）7 月 20 日]。昭和 33 年日本住宅公团建成绿町团地，1019 户入住，公司职员、教师、记者等"新中间层工薪阶层"占大多数。夫妻均受过高等教育，每户 3—4 人的"核心家庭"[1] 的"团地族"的住居空间一般是 2DK[2]，再加上浴室和冲水马桶厕所。特别是厨房和饭厅合二为一，解放了主妇的工作负担，饭厅也成了一家其乐融融的交流之所。同时，一把锁头就可以锁住门户，可以从近邻关系中独立出来，这些都是当时公团住宅的魅力所在。[3] 团地住宅相对于民间木造住宅房租贵、共同的厨房、共同的厕所等特点，具有廉价房租、独立的厨房和厕所等便利条件，因而颇受人们欢迎。绿町团地入住的居住者大部分都从木造住宅脱离出来，当然，团地入住竞争率也可想而知。团地住宅建设最初在市街地的周边，因为需求日益增多，随着地域开发逐渐向近郊扩大，出现了超过 2000 户的团地。武藏野的云雀之丘（2714 户）、日野町的多摩平团地（2793 户）等都是扩大至近郊的代表。团地增加，人口也随之增加，随之自治会形成。

团地的出现，社会的生活方式也发生了很大的变化，如团地族（居住在团地的社会群体）、团地生活、团地自治会、团地报纸、团地服务业等社会新现象和新问题开始出现。[4] 新的公共空间和住居空间的形成，"团地族"的生活样式发生了很大的变化。洗衣机、冰箱、吸尘器作为战

---

[1] 核家庭是相对于数代同居的"大家庭"而言，由夫妇与未婚子女组成的小家庭。
[2] 在日本，用"2LDK""3LDK""4LDK"等形式来表示房间的格局。"L"指起居室（living），"D"指饭厅（dining），"K"指厨房（kitchen）。"DK"是指饭厅兼厨房的房间。"LDK"是指起居室、饭厅与厨房兼用的房间。如"1DK""2DK"等，开头所带的数字"1"或"2"，是表示独立的房间数。所谓"2LDK"，则意味着除了 LDK 之外，还有 2 间独立的房间。
[3] 石塚裕道、成田龍一：『東京都の百年』、山川出版社、1986 年 10 月、第 308—309 頁。
[4] 俞慰刚、秦建刚：《日本社会城市化的历史轨迹——以战后东京城市发展过程中的城乡社会互动为中心》，《华东理工大学学报》（社会科学版）2009 年第 1 期。

后日本经济复苏时期的"三神器"①，因省时省力，颇受主妇青睐。被称之为"电器元年"的昭和 28 年（1953）统计绿町团地"三神器"使用状况为：平均两户一台洗衣机，七户一台冰箱，十户一台吸尘器。②据此可知当时的家用电器普及状况。电器逐步普及，使得女性从家庭工作中解放出来。同时，新的家庭关系也使得人们的意识发生变化。"团地族"与老人同居的占 8%，据此可知，日本进入"核心家庭"时代。"核心家庭"在昭和 30 年代以后迅速普及，女性意识增强，体现了恋爱自由、夫妻人格相互尊重、男女平等等时代特点。随着女性意识增加，越来越多的专念于育儿和家务的主妇积极主动地投身社会事业之中。20 世纪 70 年代，拥有工作的女性开始引人注目，她们提出女性独特的见解，推动着社会的发展。同时，因为女性走向社会，夫妻的作用和意识也发生了变化，家庭形式也随之改变。③

随着东京城市化进展，距离首都圈 50 公里范围内每天能够通勤至都内的地域人口集中，造成人口过密。与过密化相对，过疏化的地域也不断增加。东京西多摩地区受到城市化的影响，但城市化本身又使该地区的职业构成发生改变，年轻人人口流出，儿童人口锐减。过疏化地区虽然同属于东京地区，其生活样式以及城市化对策与过密化的地区显然不同。

日本经济高速增长，东京人口集中，推动着城市化的发展。东京既是行政机关、企业本社、媒体等为代表的中枢管理功能的聚集地，又是支撑它的白领集团的存在地，既是消费城市，又是生产城市，成为"向都离村"的"上京就职"④的首选城市。这样一来，大量的年轻人集中到东京这样的大城市。如 1955 年，在东京居住的 15—19 岁的人口不到 90 万，到了 1965 年增加到了 130 万；而同时期 20—24 岁的人口由 102 万

---

① "三神器"（三種の神器）一词来源于日本的神话传说，指的是"天丛云剑（草薙剑），八尺琼勾玉，八咫镜。据说是天孙降临时，天照大神授予琼琼杵尊并由日本天皇代代继承的宝物。这三种神器，两千年来一直被当作日本皇室的信物，为民众所膜拜。昭和时代取"三神器"引申义，成为代表新生活、消费习惯必需品的宣传标语。

② 石塚裕道、成田龍一：『東京都の百年』、山川出版社、1986 年 10 月、第 310 頁。

③ 読売新聞昭和時代プロジェクト：『昭和時代』（戦後転換期）、中央公論新社、2012 年 7 月、第 367 頁。

④ 由于大城市的经济发展，尤其是东京的经济快速发展，农村大量的劳动力涌向东京，这种现象被称为"上京"，即到东京寻找工作机会。

发展到158万；15—24岁的人口合计增加数量将近100万，占东京人口增加总量的35％。这些年轻人成家、立业，提高了社会的购买力，如电视机、电冰箱、家具以至家用汽车的购买等，企业收益增加，扩大了生产，劳动者的收入也在增加，购买力不断提高，反过来又促进了生产的发展，形成了经济循环滚动，对东京的经济文化的发展起到了积极的推动作用。其中不少人工作和居住在新并入东京的比较偏远的工业地带，如品川工业区、京东区、足立区、江东区等。这些年轻人起初住在工厂等工作单位的宿舍或民间廉租房内，随着结婚生子，由贫困的单身走向有家庭、有购买力的中产阶层，逐渐向新兴工业团地公房及郊外的廉租房迁移，对东京郊外地区的城市化发展起到了重要的推动作用。①

随着经济的发展，东京的产业结构发生了变化。昭和50年（1975）的调查结果显示：第三产业（商业、金融、保险、运输、服务业等）占六成多，第二产业（制造业、建筑业等）占三成多，第一产业（农林水产等）不到一成。人口增加和产业发展的反面，东京出现了各种各样的城市问题，最主要的是土地和住宅问题。工业用地大量增加波及商业用地和住宅用地，也推进东京周边农村的城市化发展。东京经济增长使得人口流入，造成人口高度聚集，人口高度聚集又推动了城市住宅建设的发展，城市住宅建设的发展又使得土地价格上涨，土地价格的上涨使得住宅建设不得不向郊外农村地区发展，这个过程实际上推进了东京周边农村的城市化建设与发展。

日本经济的高速增长，推动了国民总生产的扩大、产业结构的急剧变化和急速发展的城市化。同时，造成人口以及资本的无序集中和集聚。其结果，昭和40年代（1965）以后，东京的公害、垃圾、交通等诸问题严重地影响了东京民众的生活。公害因城市化、工业化聚集而最终导致社会性的灾害。受灾从动植物开始波及年少者、高龄者和体弱多病者，最终集中到东京底层民众以及低收入者，反映出了阶级性和阶层性。各种公害激化并广域化，政府、自治体、企业等对策不充分，使得蚕食健康的大气污染、水质污染等愈加严重。东京住民发起反公害、环境保护

---

① 俞慰刚、秦建刚：《日本社会城市化的历史轨迹——以战后东京城市发展过程中的城乡社会互动为中心》，《华东理工大学学报》（社会科学版）2009年第1期。

运动，维护健康的生活权利，呼吁建设适宜人居的环境和地域。为了解决这些问题，20 世纪 60 年代后期，借助已经建成的铁道等高速交通运输网络，诱导工业生产基地向城市的郊外迁移，这样一来，工业基地开始在城市近郊形成，不少劳动者也随着工厂的搬迁来到周边农村地带，随着劳动者生活场所的迁入，加快了这些农村地区的城市化。大城市中心地区只留下大公司的管理机构，生活、消费的场所都移到工厂周边的农村地区，城市中心的人口数量开始下降，而周边卫星城市的人口不断增加。① 东京开始出现中心空洞化，人们往返于城中心工作地与郊外住宅之间，社会结构与生活方式也随之发生很大的变化。

昭和 42 年（1967），由社会党和共产党共同推荐的经济学者美浓部亮吉②当选为东京都知事，他重视与都民对话，显示了推进宪法和地方自治法理念以实现民主主义的态度，推出了"东京都中期计划"。前半期的特征是在经济高速增长之下，经济增长对都民的不良影响。而且还关注是否矫正都民的不良行为？他重视福祉，提出老人免费医疗、保障身心残疾儿童全部入学、支援赞助无认可的保育所、处理垃圾以及交通等问题。虽然，美浓部亮吉在昭和 48 年（1973）因石油危机而使都政转为经济，其福祉、公害对策等给东京都民的生活带来很大的影响。经济高速发展，城市化的快速发展，使得日本的老龄化社会也随之到来，加之战后的"婴儿潮"③人口的成长结束，出现少子化倾向，社会福祉成为人们日常生活中更为重要的存在。

昭和后期的城市化进程中，日本迎来了大众消费社会。其先锋是女性的着装，她们崇尚美国时尚，衣服由"穿"而发展到"打扮"，女性从旧观念中解放出来，开始专注于生活文化的革新。比如：这个时期女性时装流行伞状连衣裙，东京街头便全都是穿着伞状连衣裙的女性；因为

---

① 俞慰刚、秦建刚：《日本社会城市化的历史轨迹——以战后东京城市发展过程中的城乡社会互动为中心》，《华东理工大学学报》（社会科学版）2009 年第 1 期。

② 美浓部亮吉（1904 年 2 月 5 日—1984 年 12 月 24 日），日本的经济学者，政治家。1967—1979 年的 12 年任日本东京都知事。由于他任内过度重视福利政策，使得东京的财政状况陷入泥沼，遭到了外界的强烈批评。他被称为"左派政治的伤口"。

③ 第二次世界大战结束后，婴儿大量出生。时间主要集中在 1946—1952 年，北美、欧洲、日本等出现了同类现象。

洋装大流行，洋装裁剪学校迅速增加，缝纫机在 1956 年突破 170 万台等。伴随着住居和饮食生活的变化，和服迅速消失于日常生活中，人们的服装从仅有一身和服，而演变分化为平时穿着和外出服装，并由做衣服到买成衣。① 除此以外，内衣革命也在日本悄然兴起，随着 20 世纪 50 年代后期"三神器"其一的电视宣传开始极大范围的普及。顺便提一下"三神器"的变化，电视机出现之前，"三神器"是洗衣机、冰箱、吸尘器（或电饭煲），昭和 28 年（1953）电视开始播放，"三神器"变成黑白电视、洗衣机、冰箱，特别是在 1958 年（昭和 33 年）东京塔竣工和"美智子潮流"② 期间，发生了爆发性地购买电视浪潮。电视的普及，使得获取信息更加便利及时，大众生活发生了翻天覆地的变化。

经济高速增长时期日本人的生活，特别是饮食生活发生了极大的变化。主食不再单纯以米饭为主，西洋料理和中华料理也出现在餐桌上，从"为生存的饮食"而转变为以菜肴为主的"享受美食"。同时，即食拉面等短时间能够调理或加工的食品陆续出现，成为这一时期饮食生活的一大飞跃。以即食食品为代表的饮食产业化，加上电饭煲一类的厨房家电普及，再加上家庭人员减少，等等，女性的家务劳动负担大大减轻。因为省力省时生活变得轻松，料理由原来的劳动演变为调理的趣味化。享受美食这样的思考方式伴随着经济高速增长渗透到人们的生活之中，并形成之后的美食潮流。③ 东京作为日本的首都，饮食变化与发展处于首要地位。

公团住宅至 1964 年 3 月为止，已有 27 万户。至 20 世纪 70 年代初，建设速度继续上升，因为土地困难，早已向东京外围扩展。随着经济的高速增长，民间的高级住宅增加，公团住宅因为"高、远、小"而逐渐失去人们的青睐。这一时期，住宅意识发生了变化，由原来追求"量"

---

① 読売新聞昭和時代プロジェクト：『昭和時代』（三十年代）、中央公論新社、2012 年 7 月、第 212—214 頁。
② 美智子潮流（ミッチー・ブーム）指的是昭和 33 年（1958）至昭和 34 年（1959）正田美智子与日本皇太子明仁亲王（现在的平成天皇）从婚约到结婚产生的社会现象。
③ 読売新聞昭和時代プロジェクト『昭和時代』（三十年代）、中央公論新社、2012 年 7 月、第 355 頁。

变为逐渐追求"质"。① 住宅变化，其周边地域以及社会环境也随之发生变化。1981 年，日本的住宅公团和宅地开发公团合并，形成"住宅都市整备公团"，担负着日本的公团住宅的开发与建设工作。短短二十几年，日本的住宅由木造公寓到公团住宅，再到民间高级公寓，如同城市化的发展一样，高效、高速。

昭和后期日本经历了战后复苏、高速增长、过渡与稳步增长时期，短短的三十年，一跃成为世界第二大经济大国，同时，其城市化的速度也快速推进，从 1950 年到 1975 年，城市化水平从 37.3% 增加到 75.9%，第三产业的比重也从 29.8% 上升到 52.1%，在亚洲率先实现了国家城市化。城市化的发展促使大众消费社会形成，并向更高的方向发展，从而引发衣食住行等生活样式的改变。东京的城市化发展以及大众生活样式的改变引领整个日本发生变动。

第三节　"新生活运动"与文化财保护对年中行事的影响

昭和 22 年（1947），以日本社会党为中心的片山哲②内阁决议"新日本建设国民运动要领"，呼吁国民在文化、精神、生活等方面的改善与启发。"新日本建设国民运动要领"与战前标榜国家主义、日本主义的运动有着本质上的区别。③ 战后的日本国民生活面临崩溃的危机，国民生活困苦与不安加深，而道义崩塌，思想动摇，直接导致社会秩序混乱，国民协同体出现了可怕的裂痕。为了度过这样的危机，就必须在国民之间重构以祖国再建为目标的、充满积极热情的强有力的精神，以实现尊重勤劳、民主与和平国家。为此，要以新国民生活设计为目的，开展新生活国民运动。

---

① 読売新聞昭和時代プロジェクト：『昭和時代』（三十年代）、中央公論新社、2012 年 7 月、第 364 頁。

② 片山哲（1887 年 7 月 28 日—1978 年 5 月 30 日），日本战后第 46 届首相（1947 年 5 月 24 日—1948 年 3 月 10 日），也是至今为止日本第一位社会党出身的首相（第二位是村山富市）。政治家，律师，首任社会党委员长。

③ 新生活运动的内容参照宇之木建大的研究。宇の木建大：「戦後日本の「近代化」と新生活運動」、『政策科学』19-4、2012 年。

当时的政府对刚刚结束战争的社会状况非常清楚，为解决国民生活"崩溃危机"的现状，决议"新日本建设国民运动要领"，明确指出新生活国民运动的意义。这个要领一共七项，包括"提高勤劳热情，发挥友爱互助精神，培养自立精神，实现社会正义，确立合理的民主生活习惯，重视艺术、宗教和体育，推进和平运动"。其中，"确立合理的民主生活习惯"的主要内容是"杜绝浪费，抑制奢侈，要养成合理、有效地处理生活的态度，同时，革除封建风俗习惯，建立明快的健康民主的生活习惯，在衣食住等方面改善国民生活"。

"新日本建设国民运动要领"提出以后，各地展开新生活运动，在生活的合理化、保健卫生、家庭计划等方面指导新生活运动。昭和22年（1947），以"新日本建设国民运动要领"为端绪，地域社会、企业等都认识到了"新生活运动"及其意义。"新生活运动"的目的外显为改善衣食住等生活样式，内化为提高国民的生活意识，实现民主主义。除此，追求个人的自发性，期待所属集团协作下展开，或顾及运动的连续性、地域性、职域性等多样性的特点，强调以家庭、地域、职域等集团的共同目标，来推进新生活。

昭和30年（1955）8月12日，鸠山一郎①内阁决议"新生活运动"，指出针对地域社会的新生活运动，官厅以及公务员要率先协助进行。从这个决议来看，国家采取了积极参与地域社会新生活运动的方针。在此基础上，新生活运动协会成立。"新生活运动"并非由政府构想或指导统领国民，而是在国民相互理解和协助的基础上，自主地在各地域与各职域发展。国民新生活运动构想在于，以新日本（民主的福祉国家、文化国家）建设为新生活运动目的，将家庭生活作为生产性向上的基础来理解，有计划地、合理地、具有道德性地、有机地、综合地展开"新生活运动"。新生活运动协会运营体现了确立新的家庭道德和职业伦理，推进家庭计划运动，改善衣食住生活样式，谋求生活的合理化和科学化，废

---

① 鸠山一郎（1883年1月1日—1959年3月7日），日本政治家，第52、53、54任内阁总理大臣，被认为是第二次世界大战后日本最重要的内阁总理大臣之一。鸠山一郎一生坚信议会政治，并敢于坚持自己的主张。因为战争期间曾站在议会政治的立场公开反对东条内阁独裁式的推荐候选人方法和《战时刑法特别修正法案》，他一度被迫隐居。在战后初期的日本政坛，享有极大威望。

除虚礼,奖励储蓄等方针。

此后,"新生活运动"在"新道德运动、社会生活环境和习俗刷新、家庭生活的科学化和合理化"等方面开展。新道德运动主要包括人权尊重、公共精神涵养(社会道德、交通道德、防灾思想普及等)、爱祖国、爱人类、尊法精神、勤劳精神、互助运动、纯洁观念涵养。家庭生活的科学化与合理化包括促进家庭计划(调节受胎、防止堕胎)、家庭收支合理化(记账生活)、节减冗费和奖励储蓄、设法改良穿着、饮食生活与营养的改善、住居合理化、善用余暇。社会生活环境与习俗的刷新包括严守时间、消除浪费、提高保健卫生、改革习俗和打破迷信旧习、简化冠婚葬祭、废止祝仪返礼、废止虚礼、去除旧历惯行、禁止有害出版物与电影、推奖优良文化遗产、奖励健全的娱乐(娱乐生活化、废除赌博、扩充体育设施等)、奖励正确的礼仪做法、整饬宴会、捐献明朗化、灭绝卖淫、扑灭兴奋剂等毒品、职场生活健全明朗化、推进植树运动。

社会生活环境与习俗刷新,是指从生活各个方面呼吁改善,废止惯习的旧历对年中行事的影响极大。新生活运动协会在《新生活通信》第一号中提出"新历一本化"①,引起社会舆论注意。至昭和 30 年(1955)前后,旧历基本废止,国家、社会、家庭通用新历。很多地方,对于年中行事新旧历统一的问题作出了一些规定。对正月、节句(如三月三、五月五、七夕)、盂兰盆(推迟一个月)等节日呼吁"新历一本化",还对"严守时间、祭礼统一、婚礼简朴化、酒宴样式改变"等作出规定。说明旧历在当时广泛使用的状况,需要市政府作出规定来加以改变。

昭和 30 年(1955)12 月发行的《高荻市②生活改善》第四号里刊载了《在新历过正月》文章,呼吁人们使用新历。历法的统一问题在该刊的第二号里已经刊出,并向居民分发传单,宣传新历,推进新历的使用。当时人们对新历有两种意见:政府、学校以及市街区赞成采用新历,与此相对,周边农村因为使用旧历,不太赞成使用新历。如果使用新历,必须推行"新历一本化",因为新旧历正月并行,就要过两次正月,那就意味着要休息两次,亲朋好友往来访问等,非常不经济。另外,如七夕、

---

① 只使用新历,完全废弃旧历。
② 日本茨城市东北部的一个市。

盂兰盆等节日，如果使用新历，就会失去季节感，所以，这些节日如果采取新历，推迟一个月的呼声较高。在昭和 31 年（1956）8 月发行的《高荻市生活改善》第 11 号里，刊载了《七夕祭——历年旧历举行的七夕最终决定推迟一个月在八月七日举行》和《推迟一个月的盂兰盆》这两篇文章。后来在市内的事业所以及寺院的支持下，新历的使用得以推进。其后的几年，《高荻市生活改善》不时会有文章强调新历的使用，如昭和 34 年 8 月（1959）第 48 号《推迟一个月的盂兰盆》，昭和 35 年（1960）12 月第 59 号《在新历过正月》，等等，可以看出，在盂兰盆、正月等节日临近的时候，政府会再次呼吁，以强调新历的使用。也许七夕、盂兰盆因为推迟一个月，与季节相对应，加之农业机械化的推进，不再受历法的束缚限制，新历终于在昭和 30 年代后期逐渐固定下来。这里所谈的虽然是高荻市的例子，全国战后的情况基本一样。[①] 由此可以看出，东京市以及周边的情况大体相同，在"新生活运动"中，"新历一本化"及其对年中行事的影响，特别是对五节供、正月、盂兰盆等传统节日的影响是很大的。盂兰盆最终固定在新历 8 月 15 日，七夕各地不尽相同，有的实行新历，有的推迟一个月，其他的年中行事基本固定在新历。

然而，随着昭和 30 年代（1955 年开始）经济腾飞，劳动人口向大城市流动，引发地域间、产业间的差距加大，消费生活变化，文化整齐划一等社会变动，也给"新生活运动"带来极大的影响。外显生活向上繁荣，而生活者主体性丧失，迷失生活本真的危险性加强。因此，新生活运动的内容必须随着社会推进而变化。昭和 38 年（1963），新生活运动协会运营方针发生改变，提出"不仅重视地缘，还要重视职域以及大众社会形成的各种集团和阶层；避开整齐划一的推进，尊重运动集团的自主性；丰富人性，提高市民性，对应新时代提高人性素质"三个方向的运营构想。新生活运动协会运营方针充分体现了尊重自主性，并在对应新时代国民素质养成上，强调主体性、人性和市民性。经济发展引发社会变动，由最初设定的改善生活样式和生活环境、推进生活合理化的目标，逐渐向推进市民主体性开发、现代市民的养成、有效地推进社会发展等目标迈进。

---

① 田中宣一：『年中行事の研究』、桜楓社、1992 年 7 月、第 227—229 頁。

随着经济高度增长，昭和40年代的日本城市公害问题凸显。为了让住民在安全的生活环境下，过健康的文化生活，对于住民地域生活连带感的近邻社会与生活进行整饬非常必要。"地方自治团体"的建设提到新生活运动协会的议事日程上来，昭和47年（1972），新生活运动的重点转到"形成新的地方自治团体"。在新生活运动的推动下，日本社会形成了以地域社会、职域为中心的"公共圈"或"共同空间"。在城市化的进程中，"共同空间"对推进适合城市的运动起到很大的作用。

昭和57年（1982），"新生活运动协会"更名为"创建明天的日本协会"，继续以建设"共同体"为目标，为更好地实现地域建设，提供支援、表彰以及信息服务。"新生活运动协会"的目标由战后复兴期的生活样式的改善、家庭生活合理化以及道德观的刷新等日常生活的变革，到经济增长期的主体性发现与市民性养成与提高，再到共同体的建设与共同空间的形成，对日本战后政治、经济、文化、社会等产生了不可估量的影响。年中行事方面，其提出的从因习废除、仪式俭素、废止虚礼、去除旧历惯行等，对仪式传统的影响也很大。随着经济的发展，市民性的提高与共同体的形成，对于年中行事的认识与传承影响也极为深刻。

在"新生活运动"开始前后，日本文化遗产保护法也开始讨论实施。昭和25年（1950）5月30日，日本公布"文化财保护法"，8月29日实施。"文化财保护法"是在明治30年（1897）6月10日法律第49号"国宝保存法"基础上制定的，保护的对象在原来的"有形文化财"基础上，添加了"无形文化财与埋藏文化财"。伴随着"文化财保护法"的实施，又设置了"文化财保护委员会"。当时的"民俗文化财"是以建造物和美术工艺品等作为民俗资料被列为"有形文化财"之内。昭和29年（1954），修订文化保护法，有形的民俗资料保护制度从有形文化财制度分离出来，"重要民俗资料"制度开始制定。昭和50年（1975），同法第二次修订，由"民俗资料"改为"民俗文化财"，"重要民俗资料"改为"重要民俗文化财"，民俗文化财制度逐渐完备。[①]"文化财保护法"第二条第一项第三号有关于"民俗文化财"为"衣食住、生业、信仰、年中

[①] 根据日本的《文化财保护法》中的分类，日本的文化财分为有形文化财、无形文化财、民俗文化财、纪念物、传统建筑物群等几类。

行事等相关的风俗习惯、民俗艺能、民俗技术以及与之相关的衣服、器具、房屋等其他物件中,为理解我国国民生活推移不可欠缺者"。年中行事作为非常重要的一项被列在民俗文化财中,并在该法实施过程中,多项年中行事被指定为"重要有形文化财"和"重要无形文化财"。

日本文化财保护法中指出,"无形文化财"是指"高度洗练的技术""职业技术",具有其技术的特定个人或团体作为"保有者"被认定。"无形民俗文化财"的指定对象是指风俗习惯、民俗艺能、年中行事等一般庶民的生活、习惯、仪式活动等内容,不被指定为个人或团体保有者。因此在日本文化财的保护中,"无形民俗文化财"属于"民俗文化财"的范畴,不属于"无形文化财"。不过,2003年10月17日在巴黎召开的联合国教科文组织第三十二届会议正式通过的非物质文化遗产公约中,并没有像日本那样区分"无形文化财"和"无形民俗文化财"。

日本在文化遗产的工作方面走在世界的前列,为各国遗产保护提供了一些值得借鉴的参考。《文化财保护法》规定:文化财被分为国家指定文化财、县指定文化财和市町指定文化财三种。在文化财的保护过程中,除国家给予必要的物质奖励和精神奖励外,国家还十分强调各级地方政府、地方公共团体、民间组织甚至个人的参与,并明确地规定各方的权利与义务。从日本各级认定的年中行事文化财来看,正是在民俗文化财的保护过程中,日本的年中行事得到一定程度的保护和创新。其中,秋天县上乡的小正月、山形县游佐的小正月等20项年中行事被列为国家级重要无形民俗文化财。[1] 东京又有东京都指定、各区市指定、町村指定等分级民俗文化财。[2] 在保护民间传统、促进文化积极向上等方面,发挥着重要的作用。

第四节 高速城市化过程中的年中行事传承与变迁

近代以来的年中行事,最初是在正月、五节供、盂兰盆节等常年惯

---

[1] 国指定重要文化財データベース、http://kunishitei.bunka.go.jp/bsys/index_pc.asp。
[2] 東京都指定、選択無形民俗文化財リスト、http://www.nponia.com/page13-tokyo.htm。

例的基础上确定的祝日,但五节供不久就被明治政府废止,并围绕由来于天皇家的祭日导入休假和庆贺体系,并在旧的宪法下贯彻到底。昭和22年5月3日,日本"日本国宪法"实施。早在昭和20年8月15日,日本政府接受《波茨坦公告》时被要求接受"日本军无条件投降""日本民主主义倾向的复活强化""尊重基本人权""和平政治"等条件,事实上担负着宪法修正的法律义务。新宪法的实施,体现了"国民主权""尊重基本的人权""和平主义"三大特征。昭和23年7月20日,日本公布了"国民祝日法",并即日实施。伴随着"国民祝日法"的实施,昭和2年(1927)的敕令第二十五号被废止。"国民祝日法"的公布与实施,首先废止了"元始祭(1月3日)、新年宴会(1月5日)、纪元节(2月11日)、神武天皇祭(4月3日)、神尝祭(10月17日)、大正天皇祭(又称先帝祭,12月25日)";其次,将原有的一些节日进行改称,将"春季皇灵祭(春分日)"改称"春分日",将"天长节(4月29日)"改称"天皇诞生日",将秋季皇灵祭(秋分日)改称"秋分日",将"明治节(11月3日)"改称"文化日",将"新尝祭(11月23日)"改称"勤劳感谢日"。

新宪法下的国民祝日继承了已有的祝祭日日期的一部分,哀悼先帝驾崩的祭日、春秋皇灵祭等天皇灵祭日的意识衰退,以祝贺国民的成长或健康为宗旨的日子或纪念日被设定为国民祝日。当时的"国民祝日法"规定的节日共9个,该法第二条"国民的祝日"记述如下表。[①]

节日	时间	记述
元日	1月1日	祝贺一年开始
成人日	1月的第二个星期一	自觉意识到已经成人,青年祝贺仪式(原来的成年戴冠仪式在小正月的1月15日)
春分日	3月20—21日	歌颂自然,热爱生物
天皇诞生日（昭和天皇）	4月29日	祝贺天皇生日

---

① 表格依据日本"国民祝日法"第二条所作。日本内阁府网页「国民节日」http://www8.cao.go.jp/chosei/shukujitsu/gaiyou.html。

续表

节日	时间	记述
宪法纪念日	5月3日	纪念日本宪法实施，期待国家成长
儿童日	5月5日	重视培养孩子的人格，谋求孩子幸福，并向母亲表示感谢
秋分日	9月23日	尊重祖先，哀悼逝去的亲人
文化日	11月3日	爱惜自由和平，推进文化发展
勤劳感谢日	11月23日	奖励勤劳，祝贺生产，国民互相感谢

（1966年新增建国纪念日、敬老日、体育日）

昭和23年（1948）国民祝日法实施，充分体现了以国民为中心的特征。该法第一条"国民祝日"的定义如下：为不止追求自由与和平的日本国民制定本法确定国民节日，作为全体国民共同庆祝、表达感谢或纪念的日子，以培育美好风俗习惯、构筑更加美好的社会、实现更丰富的生活。同时，该法第三条规定"国民祝日"为休日，并规定如果休日恰好赶上周末，要在周一补休。①

"国民祝日法"从表面看以"天皇家祝祭日"为中心的祝日核心消失，体现民主之风和国民主权思想，所有的节日都赋予新的内涵，是为国民真正而设的祝日，实则不然。

11月3日是明治天皇诞辰日，战前曾是明治节，战后新宪法《日本国宪法》的颁布在昭和21年（1946）11月3日，恰好是同一天。昭和23年（1948）国民祝日法将这一天定为"文化节"，并赋予其"热爱自由与和平，促进文化发展"的内涵，寓意战后日本新的价值追求，反映了战后日本社会对"文化立国"的共识。但新的意义并不能抹消这个节日自1873年以来所负载的文化内涵，战后内阁选择旧明治节这一天颁布新宪法当然也绝非巧合，而是竭尽一切可能保持战后日本与明治日本的联系。国定节日成了战后保守政治家们保持战后日本与帝国日本的连续性、防止断绝的重要手段。②

---

① 日本内阁府网页「国民节日」http://www8.cao.go.jp/chosei/shukujitsu/gaiyou.html。
② 艾菁：《日本法定节假日的变迁》，《日本研究》2013年第1期。

天皇生日仍是法定节假日之一。战后美国出于冷战利益考虑保留了日本的天皇制。在将 2 月 11 日定为"建国纪念日"之前，宪法纪念日与天皇生日都具有相当于"国家日"（national day）的地位，却具有截然不同的内涵。前者是对战后日本立宪民主制的确认，后者则是明治以来天皇制作为日本国民统合基础的表征。对侵略战争负有重要责任的裕仁天皇不仅没有被追究法律责任和道义责任，在新宪法下，一夜间被定义为战后民主日本国民统合的象征，而裕仁的生日和战前一样一直都是举国同庆的节日。象征天皇制这一战后日本政治制度和政治思想中蕴含的最大矛盾在一次次的节日中被模糊化。①

战后法定节假日与战前时间一致的除了文化节还有春分节、秋分节、劳动感谢日。春分节、秋分节、劳动感谢日战前分别为春季皇陵祭、秋季皇陵祭、新尝祭，都是由天皇亲祀的大祭。虽然新法赋予它们新的内涵，但节日作为一种公众记忆装置，在新的意义之下依然有不能被抹消的历史痕迹。②

从九个祝日来看，五节供的保留仅仅限于"儿童节"，即原有的"端午节"。原本是祝愿男孩子健康成长的庆祝日，被确定为"儿童节"。除此以外，其余的传统"五节供"中的四个（正月七日、三月三日、七月七日、九月九日）都从国家祝日中被剔除出去。从成人节、儿童节以及随后确立的敬老日来看，国民祝日设置意欲涵盖全体国民。

国民祝日法第一次将节假日的内涵定义为"国民节日"，并重新定义战后日本的国家庆祝制度的内涵，却基本保留明治日本庆祝制度最核心的时间框架。如此，新赋予的内容只是对旧内涵的覆盖，并不能从根本意义上对旧的祝日加以根除。昭和 41 年（1966）6 月 25 日"国民祝日法"第一次被修正，新增建国纪念日（2 月 11 日，与纪元节同日）③、敬

---

① 艾菁：《日本法定节假日的变迁》，《日本研究》2013 年第 1 期。
② 同上。
③ 当时未定日期，同年 12 月 9 日颁布昭和 41 年（1966）政令 376 号，将建国纪念日定为 2 月 11 日。

老日（9月15日）①、体育日（10月10日）②。敬老日根据国民祝日法［昭和23年（1948）7月20日法律第178号第2条］精神，体现了"对为常年贡献社会的老人表达敬爱之情，祝愿他们长寿"的宗旨。2月11日建国纪念日实为神武天皇即位的日子，为明治时期以来的纪元节，第二次世界大战期间，日本曾经上演过"纪元二千六百年"的庆祝闹剧，以推行日本"皇国主义思想"，战后曾把纪元节从祝日中删除，其后复活，被设为全民祝日，宗旨为"纪念建国，培养国民爱国心"。1989年1月17日昭和天皇去世，日本改元平成。同年，颁布平成元年法律第5号，天皇诞辰改为12月23日。这是新宪法下第一次改元，按照新宪法的精神，新节日法虽未设"先帝祭"，但昭和天皇的生日（4月29日）依旧被保留为国民节假日。因昭和天皇生前爱好研究植物，这一天一开始被定为"绿色日"（后改为5月4日）。根据国民祝日法［昭和23年（1948）7月20日法律第178号第2条］精神，体现了"亲近自然的同时，感谢自然恩惠，培养丰富的心灵"的主旨。平成17年（2005）和平成19年（2007）祝日法修正以后，"绿色日"被移到5月4日，原"绿色日"的4月29日改称"昭和之日"。

法定节日一旦确立，会影响民众对历史与现实的认同。当然，民众也并不会因此对没有列入法定节日的年中行事加以完全否定。事实上，直到现在，"五节供"及其他节日在民间仍然有一定的影响力，传统的力量依然存在。比如日本政府虽然将五月五日定为全国儿童节，规定这一天是国家正式节日，小学和幼儿园要庆贺儿童们身心健康成长。但时至今日，人们仍然习惯在这天为男孩庆贺节日，只有三月三日才庆贺女孩子的成长。在三月三日前后有女孩的家庭会摆出庆贺女孩成长的一套

---

① 当时定为9月15日，2001年《关于国民节日的法律及老人福祉法修订》［平成13年（2001）法律第59号］将其改为自9月第3个星期一，2003年起实施。

② 当时定为10月10日以纪念1964年东京奥运会，根据1998年《关于国民节日的法律及老人福祉法修订》［平成10年（1998）法律第141号］将其改为10月第2个星期一，自2000年起实施。

"雏人形"①。许多人家在生了男孩之后，会隆重庆贺第一个端午节，全体亲戚都要出席庆贺。有男孩的人家每年在现代式住宅的阳台上张挂象征男孩子不断成长、将来出人头地的布质鲤鱼旗，同时在家里摆设"武士人形"②。从三月三日和五月五日的民间传承的状况来看，因为关系到民众现实利益，比如孩子的健康成长、驱邪获利等，这样的传统节日无论有没有被列入国家法定节日，仍然会以适应社会发展的形式传承着。

除了政府以及政府作出的决策或法律对年中行事法定去留产生影响以外，大战后的经济复苏、高速成长等大事件或者在社会的波动中，特别是城市化的高速发展中，也会深刻影响年中行事的变化。城市空间、社会空间以及文化空间在发生变化，当然，地域社会的传承生活也会随之发生变化。

伴随着社会的近代化和工业化，城市化进程加剧，生活环境恶化，大量人口涌入大都市，城市居民贫民化、流民化，日本各大城市郊外被称为新卫星城的住宅地扩展。大都市圈的郊外作为国家计划的一环，有自治体开发的大规模的住宅团地，这些新住民从原有的地域共同体离开，聚集在新的居住地，组成新的共同体。

工作地点在城市中心部，住宅地在城市近郊。城市近郊村落获得发展，理想的通勤都市得以构建。日本内务省在做新型卫星城构想时，充分考虑到日本人生活的实际情况。日本人的生活基础在农村，在城市里工作，即便"向都离村"，也是一时的或暂时的。因为，盂兰盆节、正月期间在城市工作的人要归乡，柳田国男主张的"归去来情绪"，正是日本人情感的基本。据此，内务省构想新型卫星城之初就考虑到国民最基本

---

① 雏人形被日本人看作是具有魔力的咒具，系模仿古代宫廷人物装束制成，有天皇、皇后、宫女、乐师、侍从、卫士等多种，陈饰于以红布覆盖的阶梯式木坛上，或五层或七层，并衬配屏风、六角纸灯、车驾、坐轿、镜台、橱柜、箱匣等装饰器物，极为精致。通常有女孩的家庭会在三月三日之前一、二个星期里的吉日开始做摆设准备，一般要注意不能一次性布置完或是留到前一天再布置。最重要的是，一过三月三日就要赶紧把人形收起来，最迟也不要超过两天。否则，会影响女孩子的婚期。据说收得慢的话婚期就会晚，将来女孩子很难嫁出去。其实这只是个没有根据的传说，但女儿节的意义原本就是要消灾解厄的，雏人形的意义在于作为女孩子的替身把厄运带走，如果一直放着不收的话也是种不吉利的做法。

② 又叫五月人形，日本儿童节（五月五日），有男孩儿的人家会在家里摆武士人偶或铠甲、插鲤鱼旗，来保佑家中男童平安健康。

的情感基础，城市近郊也因此得以开发和发展。对于郊外住宅的开发，不仅配置住宅和庭园，而且配备下水道、公园和公共设施，比如设置公民馆、游乐场等，郊外住宅成为划时代的住宅地开发。通常郊外住宅地和铁路搭配开发，通勤乘客少的休日，为了提高乘客率，在铁路沿线或终点开发游乐设施和观光地。1918年，东京西郊田园调布住宅地的开发就是在城市化进程开始之时完成的。

  日本内务省的新型卫星城构想在第二次世界大战中不得不中断。都市被破坏以及战中疏散使得农村人口膨胀。然而，经过战后复兴期，通过工业化为重点的高度经济增长期，城市人口集中，"向都离村"推进，集团就职就是其中的一个现象。城市化的速度已远非大正末至昭和初可比，大城市人口增加显著，郊外开发急促。日本新型卫星城建设再次复活，东京、大阪、名古屋三大城市圈的郊外住宅地开发，以国家规模计划实施。东京东郊的多摩地区的大规模开发从1971年开始，人口已经超过20万。20世纪80年代以后，自治体主导的大规模的新型卫星城开发，东京周边的千叶（1979）、横滨（1983）等地区成了规模较大的新型卫星城。大城市圈郊外住宅地的开发，极大拓展城市空间，城市人口也随之流动。

  新型卫星城开发的住宅虽然有市立公营住宅、日本住宅公社供给的公社住宅、住宅公团供给的公团住宅、企业供给的供应住宅、个人所得的分售住宅等供给的不同，但外在形式大体相同。来自日本各地的人汇集在这里，形成人口集中的新地域社会。新型共同体的社会，促使新的文化空间形成。比如，团地族（居住在团地的社会群体）形成，他们过着团地生活，有自己的团地自治会，进行团地服务业等。在团地新型共同体的社会里，团地住民的日常生活几乎是相似的，是在住宅地（郊外）与工作地（城市内部）之间以钟摆式的通勤方式进行。团地住民如何参与非日常生活，作为城市化进程中新的课题也非常令人关注。

  从地方来的人口占据东京人口的绝大多数，特别是团地族，基本上都是地方"上京"就职的一员，他们选择了房租相对较便宜的郊外住宅。他们保留和继承了故乡的一些习俗，同时，也要适应新的地域社会的一些习俗。这些地方来的住民在新的团地形成"第二故乡共同体"，以"地缘关系"为轴心展开地域社会的生活，形成独特类型的年中行事。① 如东京板桥区②内昭和40年代（1965）末期开始，在盂兰盆节期间回家的人与历年相比逐渐减少，团地开始举办盂兰盆节，参加团地盂兰盆舞蹈可以称之为地方自治团体娱乐，这种现象显示了当时的社会情况。《产经新闻》在昭和49年（1974）报道了团地盂兰盆节舞蹈的情况。③ 当时行政主导农业祭，以迎合团地新住民在新的共同体内寻求迷你故乡意向的集会活动，同时，也是跟原住民的一次交流机会。比如给孩子们体验种水稻，让孩子们记住传统民俗。给东京的孩子们提供体验故乡的想法始于昭和60年代（20世纪80年代后期）以后，东京各区开始兴盛。重现城市化以前的民俗，在当地住民的强烈意愿下自然而然发生，行政主导型的振兴村落、振兴街道等一系列的模拟故乡再生的运动，体现了对应城市化民俗之心。④ 盂兰盆节的仪式活动，一般而言，七月十三日在家里设置"迎火"，迎接祖灵归家，七月十五日祭祀，七月十六日设"送火"送祖灵返回。盂兰盆舞蹈是盂兰盆节时期的舞蹈，原本是在自家院子里跳的一种迎接祖先归家时的舞蹈，来欢迎慰劳保佑自家平安顺利的祖先。从根本上来讲，盂兰盆舞蹈是带有宗教性质的娱神舞蹈。在团地里集体跳盂兰盆舞蹈，很显然，其宗教性仪式化的内容被弱化，纯粹的娱乐性质增强。而寻求故乡的体验，则明显体现了对"第二故乡共同体"的建立与加强。

团地住宅在年中行事传承中的变化还体现在传承人中心发生了变化。众所周知，日本男性赚钱养家，女性专职主妇，持家养育孩子，家庭的内部分工明确，家庭构成简单，是第二次世界大战后日本家庭的基本特征。因此，团地住宅形成了以女性和孩子为中心的社会。但是，以女人和孩子为中心的团地社会分化为不同的小集团，这样就很难形成统一的意识。这种状况是传统社会里不曾出现的，住民的日常意识处于传统的和非传统的中间位置，形成了新型的民俗生活和社会。团地一般以孩子

---

① 宮田登：『都市民俗論の課題』、未来社、1982年5月、第64—65頁。
② 东京特别区之一。位于东京西北角，处于武藏野台地北端，除了住宅区、商业区以外，北面多工场。
③ 宮田登：『都市の民俗学』、吉川弘文館、2006年10月、第49頁。
④ 同上书、第51頁。

为媒介形成新的"心缘集团",自治会是团地的中心组织。以孩子和女性为中心的团地社会在年中行事的传承方面,则体现出了对以孩子为中心的年中行事的重视。三月三日的"雏祭"、五月五日①的"男孩儿节"、七月七日"七夕祭"等基本上都是以孩子为中心的年中行事。三月三日"雏祭"是以女孩为核心,祈求女孩健康成长的节日。这一天,有女孩的人家会摆放人偶(三段、五段或七段),插上桃花,供奉菱饼②等。五月五日"男孩儿节",顾名思义,是以男孩为中心、祈求男孩健康成长的节日。有男孩之家要竖起鲤鱼旗,家里摆上武士人偶,供奉"柏饼"等。七夕原本是举行乞巧仪式、讲述牛郎织女故事的日子,随着传统节日的逐渐复苏,为加强儿童对传统文化的认识,以儿童为中心的七夕节的"星祭"逐渐又融入人们的生活之中。每到七夕,幼儿园或小学要举行七夕祈愿,孩子们在五色纸上写好愿望,挂到竹枝上。③ 这些以孩子为核心的年中行事在战后得以复兴,并且,由原来以家庭为中心,逐渐转变为以地域为中心,年中行事的公共性逐渐加强。战后兴起的如规模较大的神奈川平塚市的七夕祭、仙台七夕祭,东京市内的如杉并区的阿佐谷七夕祭〔始于昭和29年(1953)〕、浅草下町七夕祭〔始于昭和62年(1987)〕等都是公共性的节日庆祝。城市化进程中的年中行事,很多已经越来越脱离家庭的个体化特征,逐渐向公共性发展,公共参与性、公共性仪式表演,体现了城市节日文化空间民俗的本质特征。当节日文化融合进了商业和观光因素以后,更适应社会发展的需要。在节日里,人们对生活的美好祈愿,在一个共同的时空里得以集体抒发,不能不说年中行事的社会功能仍然是其他任何娱乐不能代替的。

经济高速增长期的社会发展,空间距离已经不是问题,电视、媒体、网络又将信息时间差缩小。因此,人际的流动和信息的沟通变得更加快捷。这些不但会引发节日的变化,而且会使得城市中的节日文化通过这些快捷的信息平台易于向全国扩散。城市化推进,人们对年中行事的变

---

① 1948年的日本"国民祝日法"虽然将五月五日列为"儿童日",男孩女孩都可庆祝的日子。但实际上民间这一天基本还是以男孩为中心的节日。
② 将年糕切成菱形,一般红白绿三色叠在一起。
③ 毕雪飞:《七夕文化在日本的传承与发展》,《日本学刊》2007年第4期。

化更多地体现了包容、接纳和按需选择的态度。社会经济的发展与需求，使得年中行事活动中所体现出来的消费性特征也越来越凸显。东京作为现代化的大都市，文化具有多元化的特点，是多样化的文化吸收和发信之地，随着媒体平台这种快捷的方式，向全国甚至全世界发信，节日文化的任何变化也会随之传播。

都市文化适应的柔软性，既能很快地接受外来文化，又能催生新的都市风俗和都市文化诞生。同时，仍然会保持传统。战后日本对美国文化的吸收，体现了对外来文化吸收的适应性。美国的生活文化、大众文化浸透日本社会，不仅有爵士乐和布鲁斯音乐，汉堡与烤肉饮食文化，圣诞节、万圣节等西方节日也很早就渗透于日本社会。美国文化逐渐传播全国，成了日本人生活的一部分。日本吸收隋唐文化之后大化改新，明治维新吸收西洋文化，第二次世界大战以后则选择了美国，世界上很难再找到第二个如同日本一样的民族能够自主地、有计划地吸收强国文明。从"和魂汉才"到"和魂洋才"，再到"和魂美才"，日本吸收外来文明的模式一直保持的是有选择地吸收，并将其本土化，形成融合内外文化的一贯传统。在倡导国民固守本民族的良风美俗方面，年中行事有所体现。它们不排斥外来的节日习俗，并将其很好地融合到生活中，但也不舍弃本民族的节日传统，三月三日摆放人偶、五月五日竖起鲤鱼旗、七月七日青竹上许愿，都能在节日的氛围中感受其古色古香的韵味。

年中行事的传承，来自良好的社会空间的营造。从国家层面到民间层面，从学校到社会，多方配合保护与传承年中行事。国家立法通过并实施国民祝日法，为传统年中行事的传承保驾护航。新生活运动从内阁呼吁到新生活运动协会成立和开展，为保持民族良风美俗协调了一切可以协调的力量。日本文化财的保护起步较早，从国家到都道府县以及市町村各级都有重要文化财，其中"无形民俗文化财"一项中年中行事也分列在内，全国有 50 件年中行事被列入国家级重要无形民俗文化财之中，东京市町村都有本地专属的无形民俗文化财的认定，并为其保护和活用制定专门措施。同时，民间各地保存会成立，在传统文化的保护和传承方面发挥着积极的作用。学校的教育、家庭的教育以及企业的配合，也使得年中行事得以很好地保护和传承下去。日本传统文化基础教育非常值得提倡与学习，如学校、家长会让学生在立春前一天撒豆驱鬼，之后认真数出与自己年龄数目一致的豆子吃掉；女孩节让女孩子们摆放"雏祭"人偶，男孩节让男孩们悬挂端午鲤鱼旗；七夕节让学生认真写好七夕祈愿纸条，虔诚地挂到笹上；盂兰盆节学生跟随大人返乡祭祖，"七五三"跟着家长去神社参拜，正月大规模参拜。年中行事举行之际，稍加驻足，就会发现一些企业赞助的招牌，取之于民而还之于民，企业对年中行事顺畅推进贡献着应有的力量。全面调查日本的年中行事等传统文化的传承，会发现从国家到社会，再到个人，全社会合力在固守着民族传统，同时，又会应时代和社会的发展要求，以能动性、积极性和灵活性理解和传承着文化，创新着文化。

小 结

1945年8月15日，日本战败投降。1947年，日本新宪法实施，体现了"国民主权""尊重基本的人权""和平主义"三大特征。1948年，日本公布并实施"国民祝日法"，继承了已有的祝祭日日期的一部分，皇统观念衰退，强调以祝贺国民的成长或健康为宗旨。国民祝日法第一次将节假日的内涵定义为"国民节日"，并重新定义了战后日本的国家庆祝制度的内涵，却基本保留明治日本庆祝制度最核心的时间框架。如此，新赋予的内容只是对旧内涵的覆盖，并不能从根本意义上对旧的祝日完全抹消。

法定节日一旦确立，会影响民众对历史和现实的认同。当然，民众也并不会对没有列入法定节日的年中行事完全否定。从三月三日和五月五日等民间传承的状况来看，因为关系到民众现实利益，如孩子的健康成长、驱邪获利等，这样的年中行事无论有没有被列入国家法定节日，仍然会以适应社会发展的形式传承着。

大战后的经济复苏、高速成长以及社会的波动，特别是城市化的高速发展，城市空间、社会空间以及文化空间都发生了变化，地域社会的传承生活也会随之发生变化。经过战后复兴期，通过工业化为重点的高速经济增长期，城市人口集中，"向都离村"推进，东京郊外新卫星城住宅地扩展，"团地族"形成。他们保留和继承了故乡的一些习俗，同时也要适应新的地域社会的一些习俗。这些住民在新的团地形成"第二故乡共同体"，以"地缘关系"为轴心展开地域社会生活，形成类型独特的年中行事。如在团地里集体跳盂兰盆舞蹈，由宗教性的仪式化向娱乐性质变化。

团地住宅形成了以女性和孩子为中心的社会，以孩子为媒介形成新的"心缘集团"，自治会是团地的中心组织。以孩子和女性为中心的团地社会在年中行事的传承方面，则显示了对以孩子为中心的年中行事的重视。三月三日的"雏祭"、五月五日的"男孩儿节"、七月七日的"七夕祭"等基本上都是以孩子为中心的年中行事。

城市化进程中的年中行事，已经越来越脱离家庭的个体化特征，逐渐向公共性发展，公共参与性、公共性仪式表演，体现了城市节日文化空间民俗的本质特征。当节日文化融合进了商业和观光因素以后，其迎合社会发展的适应性加强。

经济高速增长期的社会发展，空间距离已经不是问题，电视、媒体、网络又将信息时间差缩小。因此，人际的流动和信息的沟通变得更加快捷。这些不但会引发节日的变化，而且会使得城市中的节日文化通过这些快捷的信息平台向全国扩散。东京作为现代化的大都市，更容易接受外来文化，又能催生新的文化。同时，东京作为多样化的文化吸收和发信之地，以媒体平台的方式，向全国甚至全世界发信，节日文化的任何变化也会随之传播。

年中行事的传承，来自良好的社会空间的营造。从国家层面到民间层面，从学校到社会，多方配合保护与传承传统的年中行事。国家立法通过并实施国民祝日法，为传统年中行事的传承保驾护航。新生活运动从内阁呼吁到新生活运动协会成立和开展，为保持民族良风美俗协调了一切可以协调的力量。日本文化财的保护起步较早，从国家到都道府县以及市町村各级都有立法保护，为传统文化保护和活用制定专门措施。

全面调查日本的年中行事等传统文化的传承，会发现从国家到社会，再到个人，全社会合力在固守着民族传统，同时，又会应时代和社会的发展要求，以能动性、积极性和灵活性理解和传承着文化，创新着文化。

第五章

再城市化时期的年中行事传承与变迁

第一节　平成时期的社会背景

昭和 64 年（1989）1 月 7 日，昭和天皇去世，皇太子明仁亲王即位，第二天改元平成①，日本进入平成时期。②

平成元年（1989）1 月 8 日至平成 13 年（2001）9 月 10 日，日本泡沫经济崩溃至美国 9·11 恐怖事件发生前一天，正处于 20 世纪末期。日本国内，因为房地产和股票投机热导致泡沫经济。1991 年 "泡沫经济" 破灭后，整个 20 世纪 90 年代，日本经济陷入了长期停滞，并爆发了严重的金融危机，因而被称为 "失去的十年"，第二代婴儿潮出生③的学生遭遇了就职冰河期。20 世纪 90 年代破灭的日本房地产泡沫是历史上影响时间最长的一次。这次泡沫破灭不但沉重打击了房地产业，还直接引发了严重的财政危机。受此影响，日本迎来历史上最为漫长的经济衰退，陷入了长达 15 年的萧条和低迷。即使到现在，日本经济也未能彻底走出阴影。

---

　　① 平成是出自《史记》〈五帝本纪〉中的「父义，母慈，兄友，弟恭，子孝，内平外成。以及《尚书》〈虞书．大禹谟〉之中的「俞！地平天成，六府三事允治，万世永赖，时乃功。」，取其「内外、天地能够平和」的意思。
　　② 平成时期的社会背景参照ウィキペディア・フリ百科事典，https://ja.wikipedia.org/wiki/平成
　　③ 日语称之为 "団塊ジュニア"，指的是 1971—1974 年出生的人，日本第二次婴儿潮。

政治上，1995年的体制崩溃，政界再编，新党结成，非常活跃。平成7年（1995），战后50周年，村山[①]谈话发表。村山谈话[②]是时任日本首相村山富市在1995年8月15日第二次世界大战日本宣布无条件投降50周年纪念日发表的谈话。村山谈话主要内容有"正当战后五十周年之际，我们应该铭记在心的是回顾过去，从中吸取历史教训，展望未来，不要走错人类社会发展和平繁荣的道路"；"我国在不久前的一段时期，国策发生错误，走上了战争的道路，使国民陷入生死存亡的危机，殖民统治和侵略给许多国家，特别是给亚洲各国人民带来了巨大的伤害和痛苦"；"为了避免以后发生错误，毫无疑问，我们应谦虚地接受历史事实，并再次表示深刻的反省和由衷的歉意，同时向在这段历史中受到灾难的所有国内外人士表示沉痛的哀悼"；"战败后五十周年的今天，我国应该立足对过去的深刻反省，排除自以为是的国家主义，作为负责任的国际社会成员促进国际和谐，推广和平的理念和民主主义"。村山富市说，"我对当前的'政冷经热'的日中关系感到十分忧虑，希望日本政府能够认真地对待一衣带水的日中两国关系及日本与亚洲各邻国的关系"。村山富市认为，日中两国加深相互理解，构筑友好、合作与和谐的双边关系不仅对于两国，对于亚洲的和平、稳定与繁荣也有着不可或缺的巨大影响。村山谈话受到中国、韩国等曾遭受日本殖民主义侵略的国家及日本国内部分人士的肯定，对促进中日、韩日等东亚以及东南亚各国关系有着重大的意义。

同年1月17日，日本阪神、淡路发生大地震，3月20日，奥姆真理教在东京地下铁释放沙林毒气，致使多人死伤。世纪末的不安，昭和

[①] 村山富市（1924.3.3—），出生于日本大分县大分市，政治家，日本第81任首相，日本社会党党员。是日本第二位出任首相的日本社会党委员长，并在社会党、日本自由民主党、先驱新党三党联立政权中担任首相。他是日本历史上继细川护熙之后第二位以首相身份向第二次世界大战亚洲受害国口头道歉的政治家，村山首相正视历史的态度受到亚洲邻国的好评。现任日本日中友好协会名誉顾问，日本湖南之友会、日本湖南人会特别顾问。

[②] 日本国驻华大使馆网站，《村山富市内阁总理大臣谈话》（1995年8月15日）http://www.cn.emb-japan.go.jp/bilateral/bunken_1995danwa.htm。

后期日本政府和企业构筑的"终身雇佣制"①"年功序列"②"护送船团方式"③等工薪阶层主流社会（企业社会）崩溃，内需缩小，通货紧缩。

平成13年（2001）9月11日开始至平成19年（2007）9月28日为止，美国9·11恐怖事件爆发到世界金融危机开始。新世纪开始的世界局势因伊斯兰过激派在美国发起恐怖事件开始变化，美国一极体制下对伊朗、伊拉克、朝鲜等国推行强硬政策，先后发动了伊拉克战争和阿富汗战争。

日本国内小泉纯一郎④出任首相，组建内阁，开始着手改革，从政治、经济、社会、文化各方面加强模仿美国。因出口产业好转日本经济状况转好，出现了"伊邪那美景气"⑤，迎来了战后较长的繁荣。另一方面，中国经济发展迅猛，日本最大的贸易伙伴由美国变成中国。

平成19年（2007）9月29日以后，世界陷入金融危机，日本东北地区遭受大地震。世界金融危机爆发，日本伴随着老龄化和少子化等问题，出生人口少于死亡人口，进入人口减少社会，就职冰河期再次袭来，"格

---

① 终身雇佣制是战后日本企业的基本用人制度。指从各类学校毕业的求职者，一经企业正式录用直到退休始终在同一企业供职，除非出于劳动者自身的责任，企业主不得解雇员工的雇佣习惯。

② 年功序列工资制是日本企业的传统工资制度，是一种简单而传统的工资制度。其主要内涵是员工的基本工资随员工本人的年龄和企业工龄的增长而每年增加，而且增加工资有一定的序列，按各企业自行规定的年功工资表依次增加，故称年功序列工资制。

③ 行政手法之一。军事战术上配合"护送船团"中速度最慢的船只，确保所有的船只前进，以此来比喻日本特定业界内确保经营能力和竞争力最欠缺的企业不落伍，行政官厅在其权限内控制业界全体的状况。

④ 小泉纯一郎（1942年1月8日— ），日本政治家，曾任第87—89任日本内阁总理大臣，前日本众议院议员。在很多日本民众看来，日本自民党领导人小泉纯一郎是一位改革派代表，他曾不顾党内反对，强力推动邮政私有化改革，为此，曾不惜以自己的政治生命作赌注。小泉积极与美国政府达成战略伙伴关系，使日美关系在其任期内得到改善和加强。与此相对，小泉对中国和韩国的外交未取得重大成果，在靖国神社、领土纠纷等问题上纠缠不清，但是作为日本30年来在任时间最长的首相，小泉不论是任内期间还是2006年卸任之后都拥有很高的民意支持度。

⑤ "伊邪那美（いざなみ）"是日本神话中生产日本国的母神，以此来比喻奇迹般的经济好转。

差社会"① 成为很难解决的社会问题，小泉内阁的改革新自由主义政策受到批判。政治上，日本"民社国连立政权"开始，日本民主党、社会民主党、国民新党三党联合从2009年9月至2010年5月组建联合政权。与此同时，世界各国政权也交替频繁。

平成23年（2011）3月11日，日本当地时间14时46分，日本东北部海域发生里氏9.0级地震并引发海啸，造成重大人员伤亡和财产损失，很多人失去家园和工作。地震震中位于宫城县以东太平洋海域，震源深度海下10千米，东京有强烈震感，地震引发的海啸影响到太平洋沿岸的大部分地区。地震造成日本福岛第一核电站1—4号机组发生核泄漏事故。4月1日，日本内阁会议决定将此次地震称为"东日本大地震"。此次地震被日本称之为"战后最大的国难"，地震和原子电力发电站事故导致全国电力危机，日本全国节电。

这一时期，日本因为与周边国家的历史问题和领土问题而陷入外交危机。北面因北方四岛问题和俄罗斯争议不断，东面因竹岛和韩国交涉频繁，引发世界瞩目的是和中国因钓鱼岛领土的问题关系趋冷。再加上日本第二次世界大战历史及其遗留问题，如慰安妇、靖国神社、历史教科书等问题，使得东亚以及东南亚各国反日运动激化。

慰安妇是日本军队在第二次世界大战期间征招的随军妓女和为日军提供性服务的女性，主要是通过诱骗和强迫。大部分慰安妇来自中国大陆、朝鲜半岛、中国台湾、日本本土，也有许多琉球（今冲绳）、东南亚、荷兰等地的女性，其中，在日本本土召集的慰安妇被称为女子挺身队。战后因为慰安妇道歉和赔偿等问题一直没有得到很好的解决。

被视为军国主义象征的靖国神社建于1869年，原称"东京招魂社"，1879年更命名为靖国神社，是为国牺牲的日本人，即"护国英灵"的灵魂聚集地。第二次世界大战以后，因供奉被远东军事法庭定罪的甲级战犯而臭名昭著。这些战犯被称为"昭和殉难者"。1985年日本战败40周

---

① 格差社会指的是社会上的民众之间形成严密的阶层之分，不同阶层之间经济、教育、社会地位差距甚大。且阶层区域固定不流动，改变自己的社会地位极难的一种现象。进入20世纪80年代后，伴随世界经济的自由化与全球化，世界上大部分国家都出现了贫富差距扩大、社会氛围不安的情况。除了每个人之间的差距外，格差社会也包括各地域间的差距。

年，首相中曾根康弘官式参拜神社，惹来中国及韩国等在第二次世界大战中被侵略国家的抗议。2001年起首相小泉纯一郎在任六年间，于亚洲国家的批评下六次参拜靖国神社。中韩两国为此抨击日本政府历史观，并要求首相停止参拜，日本跟中国及韩国的关系亦因此转差。安倍晋三出任日本首相以来不断美化侵略历史，企图挑战战后秩序。2013年12月26日，安倍参拜供奉有第二次世界大战甲级战犯的靖国神社，激起受害国强烈愤慨。

第二次世界大战结束至今，日本一直强调日本在战争中遭受的损失，而极力回避作为加害者对亚洲国家造成的伤害。1950年朝鲜战争爆发以后，出于"冷战"需要，美国开始纵容日本右翼势力，右翼文人借机不断在教科书上做文章，否认侵略，复活皇国史观。教科书问题由此产生，引发亚洲人民强烈不满和反对。21世纪开始，日本"新历史教科书编纂会"在各地活动，连同某些出版社动员教科书作者删除从军慰安妇和南京大屠杀的内容。2001年在6家出版社的版本中，有4家将"南京大屠杀"的具体数字抹掉，还有两家出版社将"南京大屠杀"的表述篡改为"南京事件"，5家出版社删除了"三光政策"。更有甚者，2001版的新教科书中竟然称中日历次战争责任都在中国，入侵亚洲各国是为了"解放"亚洲，"造福"亚洲。

平成24年（2012）日本"自公连立政权"①结成，第二次安倍政权内阁时代开始。2014年，克里米亚危机、北方领土问题以及北朝鲜"拉致事件"等问题商讨的过程中，日俄、日朝关系发生变化。作为安倍微观政策的一环，减灾、防灾有所推进，预防产业空洞化的对策如法人税减税、促进女性雇用、接受外国人劳动者等政策和方针也逐渐转换。

第二节　再城市化时期的大众生活

昭和后期，日本进入工业化集中的社会时代。特别是东京，劳动力大量涌入，并受到雇用，工作有保障，并保证高收入，使得受雇者有较高的购买力，社会繁荣。家庭构成上，女性一般专职主妇，"男主外，女

---

①　日本自由民主党和公明党连立政权。

主内"的家庭框架比较普遍。社会福祉逐渐完备，没有工作的女性和孩子可以随着丈夫加入社会保险（主要为国民健康保险和年金制度）。当时的人们都努力进大公司，并且大致同期买房子，大致同期买电子产品和新车，社会倾向整齐划一。

日本的城市化水平在1920年仅为18%，到1955年已经超过50%，经济高速增长时期的1970年城市化率超过72%，达到同期美国与英国的城市化水平。日本的城市化进程不但解决大量年轻人就业问题，提高日本人均收入水平，更加强日本的国际竞争力，使日本从一个中等经济国一跃成为当时世界第二经济大国。[①]

20世纪70年代以后，日本的经济增长速度放慢，进入后工业化时代，第二产业的产值在国民生产总值中的比重逐年下降，而第三产业逐渐成为国民经济的重要组成部分。到2004年第三产业的产值占总产值的71.8%，吸纳的劳动力占总就业人数的66.9%。随着日本社会进入后工业化时代，城市化也出现了新的特点。主要表现在三个方面。第一，城市化水平继续提高。城市人口比重2005年超过86%。就业率于1985年超过了60%，1995年达到64.7%。但是随着日本经济的衰退，就业率也逐年下降，到2005年下降至57.6%。第二，进入分散型的城市阶段。表现为中小城镇的崛起和大城市向周边扩张的所谓"逆城市化"。第三，东京的一极膨胀与再城市化。原因是：一方面，"传统"产业继续分散布局甚至向国外转移，导致劳动力和人口流动发生变化；另一方面，新兴产业在大城市中心地区集聚，导致再城市化的发生。[②] 进入后工业化时代和再城市化的发生，日本社会发生了明显的变化。

平成时代，日本社会的变化主要表现在国民生产总值下降、人口减少、人口结构改变等方面。日本国内生产总值（GDP）的增长律有所变化：1955—1973年为10%，1975—1991年为4%，1992年以后为1%。人口数量在1950—1980年增加10%，1980—1990年增加5%多，2000年

---

① 虞震：《日本东京"多中心"城市发展模式的形成、特点与趋势》，《地域研究与开发》2007年第5期。

② 都寿义、王家庭、张换兆：《日本工业化、城市化与农地制度演进的历史考察》，《日本学刊》2007年第1期。

开始减少。日本进入少子高龄化，也因此呈现出生减少、死亡减少趋势。①

如果将日本战后进行区分的话，可以1955年、1973年、1991年前后为分界线，将日本区分为工业化社会、后工业化社会和脱工业化社会。随着信息化技术的进步，平成时期进入信息化时代。主要表现为如下特征。

第一，信息技术进步，全球化推进。精密的设计通过电邮发送，工厂已经没有必要设在国内，工人也没有必要是熟练工，制造业没必要在先进国家花费高工资，因而大量被转移到发展中国家。

第二，IT技术使得生产线小规模化和随时变更变得非常容易，在库和配送的数字处理也非常便捷，实现了多品种和少量生产以及个别配送。个性化的生产使得消费者可以享受个性化服务。

第三，贩卖网的形成和制品的多样化，给消费者提供了便宜多样的商品，使得选择可能性和自由度飞跃上升，整齐划一的"新流行"消失。

第四，正规雇用减少，福利消减和差距加大产生。男性雇用不安，女性就职率增加（工作与生育和养育孩子两难）。家庭形态受到动摇，离婚率上升，同时，不婚、未婚比例增加，晚婚化和少子化发展。不安定性和危险感增大，抑郁症增加。

第五，原来以蓝领劳动均质性产生的劳动者阶层文化衰退，人们对政治表现出不关心。② 平成时期的日本社会显示出脱工业化时代的特征，大众的生活方式也发生着变化。

平成社会的变化引发人们择偶观念的变化。女性在没有找到有充足收入的男性之前不结婚，结婚年龄有所延长。男性伴随着雇用和所得不安定化，对女性的期待也发生改变。2005年《出生动向调查》显示，期望对方婚后是专业主妇的，1987年为37.9%，2005年为12.6%，可见婚后继续工作以增加家庭收入的倾向加强。同年，《国民生活白皮书》显示，年龄在四十几岁已婚女性中，年收入不满400万日元没有孩子的占20.7%，400万日元以上的占10%左右。45—49岁男性的独身率，年收

---

① 小熊英：『平成史』、河出ブックス、2014年2月、第189—190頁。
② 同上书、第18—21頁。

入不足100万日元的占49.1%，1000万以上的占3.3%。① 女性就职导致晚婚化、高龄生产化、少子化等问题更加严重，而男性收入的多少直接影响到能不能走进婚姻。

对于"啃老"和"草食系男子"出现，有人认为与不能给年轻人机会和自信的社会经济制度和政治制度的欠缺有关。② 前者出自于90年代后半期，指那些依赖在父母家生活，不承担房租和家庭开支费用，只对购物和自我爱好感兴趣，没有雄心大志的年轻人。数年后，"草食系男子"引人注目。"草食系男子"一词出现在2006年，随后被广泛认知和引用。"草食系男子"又称"草食男"，主要指的是与上一代人相比，性欲低下，重视打扮，职业倾向比较低的男性。2010年日本政府以年轻男性为对象进行了调查，认为自己是"草食系男子"的占36%。③ 随着社会的发展变化，男性弱化，男性特有的社会角色分量越来越轻，男性存在的意义逐渐变小，对社会而言，男性变得如同"废人"。而"草食系男子"正可以说是男性走向"废人化"的产物。

"援助交际""少年犯罪"等与少男少女相关的不良现象出现。前者主要指女性，特别是未成年女性，一般为初中、高中生，甚至还有小学生，为了金钱等目的招募交际对象卖春。后者一般指未成年犯罪，少年居多。成长在富裕的社会，不知道生活辛苦的"中流家庭"的孩子进行援助交际，引起异常犯罪，一般认为大众消费文化和媒体设备等是主要原因。随着20世纪90年代BB机、携带电话等便捷的通信工具出现并逐渐向青少年普及，形成了新的交流方式，援助交际随之兴起。少年犯罪增加的原因，与危险驾驶、交友网站等有着很大的关系。④ 可见，信息社会带来的不都是正面的能量，也有负面的影响。

电脑、智能手机的普及，互联网迅猛发展，在点下鼠标就能选择的时代，增加了多样选择的可能性。当然，自己也同时成为被选择的对象。

---

　　① 小熊英：『平成史』、河出ブックス、2014年2月、第74—75頁。
　　② 船橋洋一：『検証日本の「失われた20年」：日本はなぜ停滞から抜け出せなかったのか』、東洋経済新報社、2015年6月、第127頁。
　　③ "啃老"一词首先于社会学者山田昌弘的著书《パラサイト・シングルの時代》中提出。
　　④ 『少年犯罪は急増しているか』平成19年度版（2007年），http：//kogoroy.tripod.com/hanzai-h19.html。

雇用、组织、交易、男女、家庭、教育、地域、政治、国家，一切都被卷入选择的可能性之中，自由、机会和差距继续加大。① 同时，社会问题也显现，1999 年至 2001 年，"中流崩坏""学力崩坏""啃老"等词汇流行。2003 年，日本文部省、厚劳省、经产省合办的"年轻人自立，挑战战略"会议中，一致认为自由职业者或非正式的员工增加，会导致"竞争力、生产性低下""社会保障体系脆弱化""社会不安增大""少子化问题更加深刻"等问题。② 自由职业的选择对于个体而言，给自己一定的空间，不受约束，有一定的自由度。这些人数的增加，说明平成时期人们的职业观念已经完全不同于昭和后期工业化时代。当然，这些人员一味地增加也会引发一系列的社会问题。

信息社会和全球化使得产业、资源、人口都相对集中到城市，特别是东京人口 3000 多万，形成一极集中，造成区域发展不均。为了平衡这些矛盾，政府实施了"市町村大合并"政策。到平成大合并，日本有过三次大规模的"市町村大合并"。第一次是 1888—1889 年"明治大合并"，市町村由 71314 个减少到 15859 个；第二次是 1956—1961 年"昭和大合并"，市町村由 9868 个减少到 3472 个；第三次是 1999—2006 年"平成大合并"，市町村由 3232 个减少到 1821 个。东京在"平成大合并"过程中，由原来的 40 个市町村减少到 39 个。③ "市町村大合并"给地方自治的模式及居民的日常生活都带来了极大的影响。

1985 年，日本成为世界第一债权国，一跃成为名副其实的世界经济大国。自认为国际性存在的日本的时代关键词是"国际化"。伴随着"外在国际化"，"内在国际化"应运而生，1989 年推出"日本社会的国际化"。昭和 50 年代（1975 年开始）至 60 年代外国人来日人数激增，到平成 14 年末（2002）外国人登记人数达到 1851758 人，比 2001 年增加 73296 人，比 1998 年增加 57114 人，至平成 14 年 10 月 1 日，外国人口占

---

① 小熊英：『平成史』、河出ブックス、2014 年 2 月、第 21 页。
② 小熊英：『平成史』、河出ブックス、2014 年 2 月、第 68 页。
③ ウィキペディア・フリ百科事典，https：//ja.wikipedia.org/wiki/日本の市町村の廃置分合。

日本总人口的1.45%。① 为应对全球化，日本的教育"全球化"从2000年开始以"英语教育"为中心展开。"多文化共生"和"地域级别国际化"是日本总务省自2006年以来推出的针对外国人的政策。② 为"异文化"搭建交流平台，更好地推进地域建设、国家建设，促进"多样的智慧社会"形成，确保外国人来日的多样性和活力。

随着日本社会少子化和老龄化越来越深刻，劳动力明显不足。外国劳动力来日弥补了劳动力不足问题。同时，信息化、全球化社会推进，文化呈现多样性，大众文化流行也呈现多样化。作为流行的发信之地涩谷，在20世纪90年代至2005年前后，外资CD店铺和海外名牌流行，西洋乐演奏以及小型音乐会大流行，"ギャル"流行。"ギャル"多指染着茶发、肤色烤成褐色、将制服裙缩短、身着泡泡袜的高中女生及年轻女性。2005年至2010年期间，这些文化瞬间消失。

日本动漫产业经过几十年的发展已经建立起比较成熟的产业体系和巨大的产业规模，不仅影响着国内的文化产业，在国际动漫市场上也拥有极大的市场占有率和巨大的影响力。③ 日本的动漫产业蓬勃发展，已成为日本第三大产业。日本国内的动画市场不断扩张，规模已经突破2000亿日元，国际市场上日本动漫亦是风生水起，大放异彩。2003年，日本动漫产业总值约为149亿美元，占其当年GDP的0.3%，由于动漫产业链较长，若计算其他相关衍生产品，已经成为日本第二大盈利性支柱产业。据日本一家网络媒体介绍，实际上，广义（其中包括玩具制造业、饮食业、旅游业、电子制造业甚至汽车业和农业）上的日本动漫产业已经占日本GDP十几个百分点。日本动漫产业成功的原因是多方面的，包括动漫作品广泛的社会基础、运行良好的产品开发投资模式、拥有顶尖级的动漫大师和制作机构、政府的支持等。④ 日本通过动漫等文化产品的输出，扩大了海外影响力，也输出了日本的文化价值观，不仅为日本树立了良好的国际形象，也扩大了日本文化认同感。日本动漫不仅带动了国

---

① 日本法务省网页，http://www.moj.go.jp/nyuukokukanri/kouhou/press_030530-1_030530-1.html。

② 日本政府の外国人政策，http://www.kisc.meiji.ac.jp/~yamawaki/vision/policies.htm。

③ 李常庆、魏本貌：《日本动漫产业探析》，《出版科学》2010年第4期。

④ 日本动漫产业分析，http://ccn.mofcom.gov.cn/spbg/show.php?id=5814。

内文化发展，也引领了海外文化潮流。

第三节 文化立国对年中行事的影响

随着国力的增长，日本政府对文化艺术的发展日益重视，采取了一系列政策和措施来振兴文化艺术，并制定了健全的法律和法规。1995年，日本确立面向21世纪的"文化立国"方略。进入21世纪以来，为了应对政治多极化、经济全球化、文化多样化的发展趋势，日本政府凭借其强大的经济实力、先进的科技水平和发达的资讯体系，雄心勃勃地提出要把日本建成一个"文化发信国家"，使日本成为一个"向世界传播文化的国家"，并在扩大日本文化国际影响力、提升日本国家形象方面表现不俗。①

日本自明治维新以来，国家发展战略大体上可以分为三个阶段：军事立国战略阶段（明治维新至第二次世界大战）、经济立国战略阶段（第二次世界大战以后至20世纪80年代）、文化立国战略阶段（20世纪90年代以来）。② 进入平成时期，日本建设"文化立国"的制度体系，建立由经济大国向政治大国、文化大国迈进的战略目标，并采取一系列的措施对传统文化进行保护和宣传，使传统文化保护和传承成为日本文化振兴政策的重要组成部分，成果引世界瞩目。

日本"文化立国"战略萌芽于20世纪经济高速增长时期。③ 日本自20世纪50年代中期至70年代初期（1954—1973年）实现了经济高速发展，成为仅次于美国的世界第二经济大国。1987年，日本的外汇储备、人均GNP、国民总资产位居世界第一，拥有可以和美国、欧洲相抗衡的经济实力和技术实力。然而，"优先发展经济"也产生了一些负面影响。

---

① 欧阳安：《日本文化政策解读（上）》，《中国文化报》2012年7月27日。
② 安宇、沈山：《日本和韩国的"文化立国"战略及其对我国的借鉴》，《世界经济与政治论坛》2005年第4期。
③ 关于"文化立国"战略的形成参照以下资料。杨广平《日本文化立国的制度体系建设》，《经济法研究》，第13卷；安宇，沈山《日本和韩国的"文化立国"战略及其对我国的借鉴》，《世界经济与政治论坛》2005年第4期；『第2部/文教・科学技術施策の動向と展開』、『文化芸術立国の実現』、日本文部科学白書、2013年。

如公害、环境污染等问题；在文化方面，表现为国民对文化的关心度降低，文化在社会生活中所发挥的作用被轻视，在继承和发展传统文化、创造具有独创性的新文化方面没有培育出一个良好的社会文化氛围和完善的制度保障体系等。日本政府对此予以检讨和反思，通过对社会现状切实分析，发现在急速变化的生活方式中，自古流传的民俗习惯和传统的年中行事等不断消失，再加上日本老龄化和少子化越来越严重，文化传承者断代。[1] 日本政府和民众意识到经济与自然、社会与环境、物质与文化的建设应该形成平衡性。同时，物质的富足促使人们对生活方式、环境质量和精神生活提出新的标准，产生新的需求，人们对文化的热切向往和要求建立舒适的文化环境的呼声越来越高。

日本经济长期低迷、少子高龄化的社会现状为继承和发展传统文化、尊重人的自主性和创造性、形成共融的文化价值理念等文化艺术内涵和社会作用的理解提供了一个反思的契机。日本自20世纪90年代开始进行了地方分权改革、行政机构改革，从集权到分权、从中央到地方、从官到民的转变使国家、地方、民间三者对振兴艺术文化所分担的社会职责日益明确，三者的共同协作是举全社会之力振兴文化的根本。

事实上，日本自20世纪70年代后半期就开始讨论制定振兴文化的相关策略。1977年3月，由文部省直属的文化厅召开"文化行政长期综合计划"恳谈会，首次提出制定有关文化振兴法的必要性。同年11月，由超党派国会议员成立了"音乐议员联盟"，该组织为日后国会通过文化振兴基本法发挥极为重要的作用。1980年7月，时任日本首相大平正芳的私人咨询机构——文化时代研究会指出"日本应结束自明治时代以来为赶超西欧而自我否定传统文化的时代，工业化至上主义、经济中心主义的时代已经过去，今后作为一个成熟的日本社会将迎来文化的时代"，并提议制定文化振兴法。"文化时代"逐渐成为日本文化行政的施政方向。1989年7月，文化厅设置了"文化政策推进会"，专门为政府实现文化振

---

[1] 《第2章 文化芸術をとりまく現状と課題》（PDF 版），http://www.city.izumiotsu.lg.jp/ikkrwebBrowse/material/files/group/30/04_ chapter2. pdf#search = % E6% 96% 87% E5% 8C% 96% E8% 8A% B8% E8% A1% 93% E7% AB% 8B% E5% 9B% BD + % E5% B9% B4% E4% B8% AD% E8% A1% 8C% E4% BA% 8B.

兴的目标提供政策性建议。日本政府充分意识到文化的交流和辐射是日本文化创新和发展的基本动力，因此，日本对文化的思考和实践也逐步由注重内部文化的自身建设、构筑和发展转向与外部文化的接轨、融合和对外辐射。1990年，日本成立由专家学者和艺术权威组成的"文化政策促进会议"，作为文化厅长官的咨询机构。1995年7月，文化政策促进会议提出《新的文化立国目标——当前振兴文化的重点和对策》报告，开启"文化立国"战略的初步设想。1996年7月，文化厅正式提出《21世纪文化立国方案》，标志着日本"文化立国"战略正式确立。1998年3月，文化政策促进会议提交了《文化振兴基本设想——为了实现文化立国》的报告，对"文化立国"战略进行阐释，并把21世纪作为日本依靠本国的文化资源与文化优势开始新一轮发展的世纪。1998年3月，文化厅出台《文化振兴综合计划》，首次提出文化立国的理念，并将增强艺术创造活力、继承和发展传统文化、振兴地域文化、培养年轻的文化传承人、促进文化的国际交流、改善文化基础设施作为今后的施政重点。2001年11月，由自民党、民主党、公民党、社民党和保守党组成的超党派国会议员联盟——音乐议员联盟向国会众议院提交艺术文化振兴基本法案，经国会审议通过《文化艺术振兴基本法》，该基本法于2001年12月7日正式颁布并实施。

日本将"文化立国"作为基本国策，根据基本法的规定，政府制定《关于文化艺术振兴的基本方针》，目的是为了贯彻基本的立法精神，为中央和地方政府的文化行政提供施政方向，综合推进文化艺术的振兴策略。方针在第一部分阐明"文化振兴"的基本理念，从文化艺术振兴的意义和基本视点出发，阐明文化艺术振兴是成熟社会成长的源泉，从国家到地方到民间分担责任，发挥作用，举全社会的力量实现振兴文化的目标。第二部分为实现"文化立国"提出的六大战略：对文化艺术活动提出有效的支援；创造文化艺术，并培养充实相关人才；制定实施以儿童和年轻人为对象的文化艺术振兴策略；确保文化艺术传承人的培养；开发文化艺术在地区振兴发展潜在力，促进观光、产业振兴的活用；促进本国文化的对外宣传和国际间的文化交流。第三部分提出基本对策：各个文化艺术领域的振兴策略，一般艺术、传媒艺术和表演艺术的振兴，传统艺术的继承与发展，文化生活、国民娱乐及出版物的普及，文化财产的保护与有效利用等；振兴地域文化艺术；推进国际文化交流；正确理解国语；普及日语教育；保护与利用著作权；充实国民文化活动：扩大国民的文化鉴赏机会，充实青少年、老年人和身体障碍者参与文化艺术活动，丰富学校教育中的文化艺术活动；完善和扩充文化艺术设施，主要包括剧场、音乐厅、美术馆、博物馆、地区文化活动场所、公共建筑物等；完善其他配套措施，主要包括对通信技术设备的有效利用，向地方公共团体和民间团体公开信息，激励民间团体对文化艺术振兴的援助，收集政策形成过程中的民意等。① 日本对于传统文化的继承和发展，不仅体现在振兴、继承和发展上，还表现在对传承人的培养上。

日本"文化立国"战略实施除了建立上述成熟的"文化艺术振兴法"制度体系以外，还有其他一系列的法律法规确保文化活动的顺利进行。《教育基本法》和《社会教育法》等教育法制是文化法制的渊源和母体所在。《教育基本法》第 2 条规定，教育的目的是"利用一切机会，在各种场合进行教育"和"努力为文化的创造和发展做出贡献"。《社会教育法》第 3 条规定，国家和地方政府应当努力"创造使所有的国民能够获得与其实际生活相适应的、提高自身文化素养的环境"等。这些法律为文化活动的开展和振兴提供了间接的法律基础。《文部科学省设置法》（《旧文部省设置法》）是日本行政组织法之一，它是对文化及文化政策做出直接规定的基本法。根据《旧文部省设置法》第 2 条第 9 款的规定，"文化"被定义为"艺术和国民娱乐，《文化遗产保护法》中规定的文化遗产，出版、著作权和其他著作权法所规定的权利以及与此相关的提高国民文化生活水平的活动"。《文部科学省设置法》（1999 年颁布）除明确了文部科学省的任务，还在第 4 章专门对文化厅的设置、任务、负责事务和相关审议会等进行了规定，其中第 27 条规定了其任务为"在振兴文化和大力开展国际文化交流的同时，适当处理与宗教有关的行政事务"。与文化遗产保护和知识产权有关的法律有《文化遗产保护法》和《著作权法》，以及《文化遗产保护法实施令》《著作权法实施令》和《著作权法实施细则》等，这些法律对人类发明

---

① 『第 2 部/文教・科学技術施策の動向と展開』、『文化芸術立国の実現』、日本文部科学白書、2013 年。

成果的保护和使用做出了具体规定。与表彰有关的法令包括《文化勋章令》《文化功劳者年金（养老金）法》和《日本艺术院令》等，这项法律规范了表彰制度，保障了国家依法公开和公平地评选表彰对象。此外，与宗教事务管理有关的法律有《宗教法人法》，与文化活动和娱乐设施的管理相关的法律有《演出场所法》，与文化艺术团体法人化有关的法律有《特定非营利活动促进法》等。[1] 这些法律和法规从各个方面为文化艺术活动的开展和文化政策的贯彻执行提供了完备的法律体系和制度保障。

日本通过文化艺术振兴政策以及相关法律积极引导传统的年中行事适应时代需要，传承和弘扬传统文化，并且不断进行改造创新，并赋予教育国民的意义，使传统的年中行事在传承和弘扬传统文化上发挥了更大的作用。传统的年中行事作为日本传统文化的重要组成部分和表现形态，成为弘扬传统文化、传播历史知识、传承社会美德、强调和谐共处、强化集团合作、教育社会的良俗和重要载体。日本文化艺术振兴法里提到"经济上富裕，但是构成内心丰富社会的文化艺术所能发挥作用的环境不充分"，"继承和发展传统的文化艺术，促进具有独创性的新文化艺术的创造，是我们最紧要的课题"。对传统文化的继承和创新，是振兴法中对传统文化发展的最基本的核心要素。

在"文化立国"的政府政策引导下，日本的文化产业形成了完备和成熟的文化市场体系和网络，在传统文化继承和创新方面发挥着重要作用。在日本，文化产业相当发达，特别是动漫产业，它在为日本创造巨大经济收益的同时，也非常重视传播日本的民族传统文化，我们几乎可以在每一部日本动漫作品中都能看到"花火大会"这一夏季典型年中行事活动的景象。此外，日本也通过"包装"年中行事来创造旅游亮点，将相关文化产业发展成整个文化产业中的重要一环。例如，日本将牛郎织女的故事打造成具有当地特色的节日文化产业，每

---

[1] 欧阳安：《环球聚焦：多方位全面解读日本文化政策（下）》，《中国文化报》2012年7月30日。

年七夕节都会进行庆祝游行、祭拜活动，吸引来自世界各地的游客。①如果你仔细观察，或者不经意间，就会发现很多日本传统年中行事文化的要素。日本酒店入口处摆放着三月三日"雏祭"人偶，超市里贩卖的桃花和"樱饼"②，不同人家阳台上斜着伸出来的"鲤鱼旗"随风飘扬，等等，这些异于日常生活的要素非常融洽地融合在日本人日常生活之中，不由得让外国观光者驻足、体味。日本文化产业有意识地运用并促进年中行事文化繁荣，并通过文化产业的平台传播到世界，增强了日本国民传承和保护本民族节日文化的自信心，也促进了节日文化的进一步发展。

日本年中行事除了法定的以外，还有一些民间传承已久的行事。除此，各个寺院、神社也有一些节日。在日本感受最深的就是日本的节日和"祭"，东京周边一年四季有各种节日和"祭"举行。继承与创新，吸收与取舍，外来文化与本土化，日本传统年中行事融合了各种要素，包容并蓄，顺应着社会发展，却又固守着民族的特色和美感，生生不息地传承着。

第四节　再城市化时期的年中行事传承与变迁

进入平成时期，日本的纪年方式悄然发生着变化。日本除了产经报纸和 NHK 等外，其余的媒体大多采用西历，不再采用元号纪年。民间采用元号纪年的机会也越来越少，基本采用西历。

国民祝日法规定也做出了修订和增补，根据平成 26 年（2014）国民祝日法修正（平成 26 年第 43 号法律），至 5 月 23 日修正法律公布为止，国民祝日又增加了"昭和纪念日""绿色日""海之日""山之日"，加上昭和后期的国民祝日法规定的祝日，平成时期的祝日一共 18 个。③

---

① 邢梓琳：《日本政府为节日文化保驾护航》，《学习时报》2015 年 2 月 9 日，第 009 版。

② 一种粉色的年糕，三月三日女孩节时供奉用品。

③ 日本内阁府网页，http://www8.cao.go.jp/chosei/shukujitsu/gaiyou.html。

节日	时间	制定年	终止年	记述	备注
元日	1月1日	制定时	—	祝贺一年开始	曾经的四方节
成人日	1月15日	制定时	1999	自觉意识到已经成人，青年祝贺仪式（原来的成年戴冠仪式在小正月的1月15日）	小正月由来
	1月的第2个周一	2000	—		
建国纪念日	2月11日	1967	—	庆祝建国，培养爱国之心	原来的纪元节
春分日	3月20—21日	制定时	—	歌颂自然，热爱生物	原来的春季皇灵祭
昭和纪念日	4月29日	2007	—	经历了动荡的年月，回顾完成复兴的昭和时代，思考国家的未来发展	昭和天皇诞生日由来，1989—2006年是绿色日，1988年以前是天皇生日
宪法纪念日	5月3日	制定时	—	纪念日本宪法实施，期待国家成长	日本宪法实施日
绿色日	4月29日	1989	2006	亲近自然的同时，感谢其恩赐，培养丰富的内心	原来的日子因改称昭和之日而废止，后移行到5月4日
	5月4日	2007	—		
儿童日	5月5日	制定时	—	重视培养孩子的人格，谋求孩子幸福，同时，向母亲表示感谢	端午节
海之日	7月20日	1996	2002	感谢海之恩惠的同时，祝愿海洋之国日本繁荣昌盛	大海纪念日由来
	7月的第3个周一	2003	—		
山之日	8月11日	2006		获得亲近大山的机会，感谢其恩惠	
敬老日	9月15日	1966	2002	敬爱为社会做出贡献的老人，祝其长寿	至1965年为止和2003年以后为"老人之日"
	9月的第3个周日	2003	—		
秋分日	9月23日	制定时	—	尊重祖先，向逝去的亲人哀悼	曾经的秋季皇灵祭

续表

节日	时间	制定年	终止年	记述	备注
体育日	10月10日	1966	1999	爱好体育，培养健康的身心	日本奥运会开幕式（1964年）举行的日子
	10月第2个周一	2000	—		
文化日	11月3日	制定时	—	爱惜自由和和平，推进文化发展	日本宪法公布的日子，曾经的"明治节"
勤劳感谢日	11月23日	制定时	—	奖励勤劳，祝贺生产，国民互相感谢	曾经的"新尝祭"
天皇诞辰日	12月23日	1989	—	祝贺天皇的生日	1988年之前是4月29日（昭和天皇的生日），1989年改为12月23日
调休	不定	1973	—	国民祝日在周日的情况下，第二天的周一休息	
国民休日	不定	1988	—	前一天和后一天都是祝日的情况下，中间的平日休息	

注：此表根据"日本国民祝日"作成。①

平成时期的祝日在保留昭和时期的祝日基础上，又增加了对河海山川的感谢日，以促进人们环境保护意识，以及增加对自然的敬畏和爱护之心。

现在为止，日本人对年中行事的认知，是将国民祝日和年中行事分为两个范畴来理解。平成27年（2015）的"日本行事"将国民祝日（包括休日）和年中行事（包括节句）分为两大类别来记述。国民祝日（包括休日）见本节开头，年中行事（包括节句）基本内容如下：

---

① ウィキペディアフリー百科事典、https://ja.wikipedia.org/wiki/国民の祝日

时间	行事	行事	内容	备注
一月	七日	人日	又叫"七草节句",五节句之一。来自中国,吃七草粥祈求一年无病无灾,平安时代的宫廷仪式,江户时代固定下来,成为幕府公式行事,并传播到庶民阶层,传承至今	节句
	十五日	小正月	相对于"元日"(大正月)而言。相对于迎接年神、先祖的元日,小正月主要举行家庭内的行事,和盂兰盆节同等重要的节日。小正月早晨吃小豆粥,祈求一年健康。此习俗来自中国。这天在神社将正月的装饰物烧掉(主要是门松等物)	
二月	十一日	初五	二月最初的"午日",原本在农耕开始的旧历二月举行。迎接立春的二月"初五"被认为是一年中阳气最强、运气最好的一天	
三月	三日	桃之节句	女孩儿节句,五节句之一。来自中国的上巳,河川被禊至曲水流觞,与平安时代的"人偶"游戏结合,演变成顺水漂走"雏人偶"的仪式。现在仍然盛行装饰人偶,供奉白酒、菱饼、桃花等。据说姐妹不能共有"雏人偶",节句一过要马上收拾装饰的人偶等物品,否则女孩嫁不出去	节句
五月	五日	端午节句	又叫"菖蒲节句",男孩儿节,五节句之一。日本国民祝日规定这一天为"儿童节"。来自中国端午,平安时代为宫廷仪式,江户时代与三月三"女孩节"相对应,"菖蒲"和"尚武"同音,被定为男孩节,成为江户幕府的公式行事。现在有男孩之家要升起"鲤鱼旗",吃柏饼或粽子,供奉武士人偶,洗菖蒲浴。初端午节句时,要招来两家的祖父母进行庆祝	节句
七月	七日	七夕	原本在旧历夜里举行的行事,又称"星祭",五节句之一。来自中国的七夕,平安贵族开始,江户幕府将其定为五节句之一,成为江户幕府的公式行事。现在将愿望写在五色长方形的纸上,悬挂在笹上,吃素面。有些地方推迟一个月,在8月7日举行	节句
	十五日	盂兰盆节	夏季祭祀祖灵的行事。原本旧历7月15日,现在推迟一个月在8月15日举行,一般在13日搭建"盆棚",供奉"盆花"(桔梗、萩、女郎花等)、水果和蔬菜,傍晚,"迎火"迎接祖灵,15日招僧侣诵经,16日"送火"送走祖灵。盂兰盆期间,食用"精进料理"(素食)	

第五章　再城市化时期的年中行事传承与变迁　　149

续表

时间	行事	行事	内容	备注
九月	九日	重阳节句	来自中国，有"饮菊花酒，驱邪气，求长寿"的习俗。日本平安时代宫中有观菊之宴。因为是收获季节，庶民之间有"栗子节"的祝贺习俗。现在存续插菊花、饮菊花酒、吃栗子饭的习俗	节句
	二十七日	十五夜	旧历八月十五，新历在9月中旬。中国的赏月风俗传到日本，平安时代贵族之间开始赏月之风，渐次传到武士和庶民之间。现在存续插"秋之七草"，供奉秋天的农作物和果蔬，吃栗子饭、豆类、芋头等	
十月	二十五日	十三夜	旧历9月13日，新历10月中旬，又叫"豆明月""栗明月"。相对于十五夜的中秋之月而言，十三夜被称为"后月"，宫中自古以来就有开宴赏月习俗，据说是日本固有的赏月风俗，也是收获季的一个行事。据说十三夜一定要在十五夜赏月的场所赏月	
十一月	十五日	七五三	男孩五岁三岁，女孩七岁三岁，盛装到神社参拜，祈求健康成长和幸福。原本是宫中和公家的行事，后逐渐传至民间。七、五、三都是阳数，代表着吉利	
十二月	十三日	正月开始	扫除、做年糕，开始迎接年神	

注：此表根据《日本的行事・历——年中行事・节句》① 而作。

从上述内容来看，日本年中行事除了官方的国民祝日以外，民间年中行事自有一套体系，传承着传统，为适应时代和社会的要求，又不断地加以创新，使之具有活力，一直传承下去。

东京作为日本的首都，文化的发祥地，影响着全国的动向。后工业时代的东京再城市化，原来居住在郊外的人，有重新向城市中心聚拢的趋势。此时，信息化发展，使得信息共享缩短了时间和距离。城市和郊区在信息和文化共享上已不存在大的差距和距离。城市民俗因具有开放性的特点，有着较强的柔软性和适应性，对外来文化的吸收显示出了开

---

① 日本の行事・暦―年中行事・節句、http://koyomigyouji.com/nenchugyouji.htm。

阔的视野和较大的宽容。特别是日本年中行事，古代吸收了中国的节日体系要素，近代吸收了西洋一些节日。到了现代，由于全球化，年中行事更加显示出了兼容并蓄的特点。人们在共享、消费、娱乐方面，充分享受着年中行事所带来的休闲和乐趣。

东京年中行事的公共性特征更加明显。东京隅田川顺水漂流"雏人偶"的活动，一般在3月3日举行，如果3月3日不是周末，就在3月3日前后的周末举行，每年吸引不同国籍的男女老少参加，观者如潮。水边仪式优美，是东京春天仪式的象征。而东京目黑区雅叙园"雏人偶"，则汇集了全国各地的"雏人偶"名品，上百段"雏人偶"，作为东京指定文化财，供人们观赏。到了5月5日，东京八王子市的南浅川上空飘起1000个鲤鱼旗，鲤鱼旗上还写着各家孩子的名字。人们观赏鲤鱼旗，观看传统的民谣等表演，品尝着各种小吃，体味着休闲与娱乐。而东京塔上每年挂起的333个鲤鱼旗，迎风飘扬，吸引市民前来观看。每到七夕，最引人注目的是，街道两旁设有彩纸和笔墨，有供人们悬挂愿望彩纸的巨大青竹，青竹上彩纸挂满以后，就在道路两旁拉起粗绳子，将写着愿望的彩纸挂在上面，颇为壮观。男女老少聚集在这里认真地写下自己的愿望，根据笔者近距离的观察，发现彩纸上的愿望种种，其中，学业、工作、健康、恋爱婚姻、家庭和睦等愿望居多。还有很多惹人发笑的愿望，有的小孩写上"愿妈妈的饭菜做得好吃一些"，有人写"愿朝鲜的导弹不要打到日本来"。[①]

商业化和消费性特征更加突出。东京的下町每年七夕举行节俗活动，青竹与彩幡从浅草开始一直装饰到上野，五颜六色，游人如织，穿梭于其中的身穿漂亮"浴衣"的女孩儿格外引人注目。街道两旁的商店摆出摊位，以降价优惠等促销手段吸引着游客。每到节日，商场都会促销与节日有关的商品，从正月的"御节料理"、镜饼，到三月三日的菱饼、桃花，五月五日的柏饼、鲤鱼旗，七月七日的青竹笹……年中行事的商业化和消费性已是都市民俗的最显著特征。

伴随着高度城市化，人们对节日文化的态度更加宽容。年中行事有

---

① 毕雪飞：《七夕乞巧在日本的历史变迁与现代讲述》，《江西农业大学学报（社会科学版）》2013年第3期。

传统的因素，也散发着现代化的气息。人们根据自己的需要进行着组装和取舍，既有从众心理，又有个性化的选择。如日本正月的变化：伴随现代化的情报流通以及人际移动，还有源自商业资本的文化商品化等因素，元旦节俗的变化正朝着不可逆的方向推进。现代日本的元旦节俗是片段状的文化元素的集合体，从整体性视野来看待的话，就是各种元素打包在一起被包装起来的一种状态。被打包并包装起来的元旦文化由以下一些元素构成：打年糕＋过年荞麦面＋年贺状＋红白歌合战鉴赏①＋注连绳＋镜饼＋御杂煮＋御节料理＋御屠苏＋御年玉＋初诣＋福袋等。过新年的时候，人们从这些被打包起来的元素中选择自己可能实现的事象，各自采取实践行动。在元旦期间经常食用的"御杂煮"这种汤料理，虽然在各地至今还保存着特色，但现在因为通婚圈的扩大，有采用偏于夫妇某一方出生地的配料、烹调法以及味道的，也有交替采取双方出生地特色的。在从地方流向都市的外来家庭的元旦文化中，出现了由夫妻双方各自出生地文化与东京文化以及因商业资本创造的通用文化等拼凑在一起的现象，成为犹如马赛克状态那样的一种融合体。②

随着时代和社会的变化，伴随着男女平等、个人主义等价值观的变化，以及出生率低下、高龄化等各种要素掺合在一起，家庭关系也在发生着很大的变化。日本一些研究所在年中行事调查上做了很多工作和努力，对于现代家庭的实态和生活文化的继承，以及将来的方向性做了研究和探索。在家庭成员形象多样化、个人化进行中，就日本的家庭如何维持家庭基础、提高生活的质量、继承生活文化以及如何创新等进行了调查。社会和家庭环境的变化对年中行事带来很大的影响。

下面的一些数据是根据日本 Suntory 次世代研究所 1990—1991 年、2000—2001 年调查问卷所获取的一些资料，通过对这些调查数据的统计分析，可以看出日本家庭内部举行年中行事的变化。

---

① NHK 红白歌合战，始于 1951 年，是元旦夜晚以男女对抗的形式进行的大型音乐节目，成为日本国民大晦日恒例行事。

② 菅丰：《日本节日文化的现代形态——以日本都市的元旦文化改编为题材》，《温州大学学报》（社会科学版）2012 年第 4 期。

1990—1991年①和2000—2001年②的调查资料分别取自日本Suntory次世代研究所的调研资料和著书。调查分为三个范畴：第一，传统的年中行事，四季节点代表性节日，如正月（包括年夜）、节分、花见（赏花）、七夕、盂兰盆节、月见（赏月）；第二，新的年中行事，战后兴起的代表性节日，如情人节和白色情人节、家族旅行、圣诞节；第三，人生节点年中行事，人生通过仪礼中每年反复出现的家庭代表性的日子，如诞生日、结婚纪念日、父亲节和母亲节。

时间 项目	1990—1991年	2000—2001年
正月	正月准备从贺年片开始：由于印刷机的普及和官制明信片的出现，贺年片类型发生了很大的变化，出现家庭自制明信片；捣年糕简单化：原来一家几代一起捣年糕，演变成到店里定做；大扫除仍是不可欠缺的行事；红白歌会观战和跨年荞麦面不可或缺；御节料理手工制作和购买并存；元旦初次参拜祈求一年顺利安康；七草粥实施仅存一成；正月作为年中行事家庭实施率达到九成以上，从整体来看，已经从惯习发展为自由，因为平时饮食都能吃到原来正月吃的食品，正月饮食简素化	御节料理的变化：手工制作减少，在超市或酒店购买料理的家庭有所增加；不局限于和风，洋风和中华风已理所当然；不再盛放在多重饭盒里，出现大盘子盛放倾向。摆放门松、注连绳、微型镜饼等装饰小物件的家庭有所增加。有两成家庭捣年糕，捣年糕成了家庭交流的活动；七草粥实施率为45.2%，比十年前调查的一成上升了很多，超市有卖七草或冷冻七草，简单方便（想把日本传统行事传达给孩子们）；正月成了大家族聚会交流的贵重机会，增加外食或火锅以减轻女性的负担

---

① 井上忠司：『現代家庭の年中行事』、講談社現代新書、1993年（Suntory次世代研究所的调研资料分析著书）（调查范围主要有首都圈、大阪、广岛等大都市）。

② Suntory次世代研究所的调研资料，http://www.suntory.co.jp/culture-sports/jisedai/active/event/。

续表

时间\项目	1990—1991 年	2000—2001 年
二月	节分：以男性为主角的撒豆子活动；一边撒豆子一边喊"福内鬼外"；数出年龄相同数目的豆子吃掉以祈求一年无病无灾。	节分：实施率75%，与上次调查一样；东京卷寿司等在超市有售；丈夫为主角的撒豆子活动，一边撒豆子一边喊"福内鬼外"
	情人节（2.14）开始于昭和四十年（1965）商战高潮时期；巧克力赠送是主流，近年来也出现多样化倾向；家庭里面父亲接受妻子和女儿的赠送和祝福；白色情人节（3.14）实施家庭占少数	情人节实施率65.7%，比上回（37.6%）大幅上升；赠送巧克力给丈夫或儿子，是一家人交流的机会；年轻夫妇关系再确认；手工制作巧克力占四分之一
三月	花见（赏樱花）：东京以靖国神社的吉野染井樱花来测定该地区的开花时期；一家或和朋友一起赏樱花；家庭内的变化为随着孩子长大，孩子不随父母赏樱花	雏祭：有小学生以下的家庭实施率占75%以上，与生日、圣诞节同样重要的节日；装饰雏人偶的人家占七成，准备桃花的占两成
		花见（赏樱花）实施率57.2%，比上次调查（26%）增加一倍；年轻人参加增多；以前做盒饭，现在在便利店里购买增加；跟朋友、亲戚一起赏花增多
五月	母亲节在幼儿园和小学校教育实施，目的是对母亲的感谢；父亲节与此相同；孩子为主办者的节日	儿童节（端午节）实施率31.9%，跟雏祭相比只有半数；实施家庭只有半数装饰武士人偶，四分之一竖鲤鱼旗；四成家庭准备菖蒲浴；东京供奉柏饼，关西等地柏饼和粽子并用
		母亲节实施率62.7%，比上次调查（21%）大幅上升，排名前十；康乃馨主流，也有赠送玫瑰、兰以及化妆品等物品的；时间是最大的礼物，陪伴母亲增多；父亲节实施率54.2%，赠送物品多种多样

续表

时间 项目	1990—1991 年	2000—2001 年
七月	七夕是作为教育要素较多的行事，在有就学前后孩子的家庭里经常举行；这一天，孩子从幼儿园或小学拿回笹在家里装饰；做些装饰和将写着愿望的短册挂到笹上；装饰七夕笹的家庭占九成	七夕实施率22.9%，参加幼儿园、地区的七夕祭的家庭占半数以上，有孩子的家庭实施率占50%以上；享受"笹饰"的家庭占八成，一般是孩子在幼儿园或小学做好带回家装饰；参加超市或商店街七夕活动的比较多；七月末八月初，参加花火大会的家庭超过60%；约两成预备浴衣，有孩子的家庭预备浴衣占四成
八月	盂兰盆仅次于正月的节日，夏季休假多集中在这个时期；给先祖扫墓的日子，也是亲戚归乡相聚的日子；日本镇魂信仰加上佛教因素形成，迎接先祖的灵魂，祈求生活繁荣；用茄子和黄瓜做成马和牛的样子放在门口，让先祖骑马回家；十三日迎火，十五日送火；盂兰盆舞原本是安魂喜悦之舞，后演变成民众的娱乐	盂兰盆节行事简略化，过法多样化；扫墓兼旅行；全家聚会，告诉孩子盂兰盆节是比较重要的节日；少数"精进料理"，出现豪华、盛夏宴会的气氛
九月	月见（赏月）：十三夜和十五夜赏月，如果参加一次，另一次也要参加，否则不吉利；受都市化影响，秋七草装饰要在店里买；由于住居的改变，一般在阳台上赏月	十五夜实施21.1%，比上次调查（15%）略有上升；地区区别西高东低，东京实施率较低
十月		万圣节由1.7%上升至6%，实施率比较低的行事，多为餐馆和英语教室主办
十一月		冬至的实施率33%，比上次调查（12%）大幅上升，东京地区42%；南瓜料理九成，柚子浴八成

续表

时间 项目	1990—1991年	2000—2001年
十二月		圣诞节仅次于正月，实施率83.7%；蛋糕、礼物和圣诞树中，蛋糕占六成，其中手工占两成
		吃跨年荞麦面75%，和上回差不多；大部分家庭认为听着"除夕之夜的钟声"，正好"红白歌会"结束，重视跨年的时机而吃跨年荞麦面；最近参加倒计时活动的人增加

战后特别是在经济高速增长期，日本社会变动剧烈。随着城市化进程加速，原来与地缘、家庭密切相关的年中行事愈加变化。就连正月、盂兰盆节这样的传统年中行事也受到了很大的影响。原本在大家庭中，幼小的孩子会随着祖父母、父母对自然、神佛表达感谢的年中行事中体验传统的意味，小家庭化以后，继续保护与传承传统会很难。年轻一代对待年中行事的做法，已不再考虑其中的宗教性的、民俗性的意味，而偏重流行。城市化进程中，与人们日常生活密切相关的自然环境、住宅情况完全变化，带来季节感的自然风光在身边很难见到，只能在报纸、电视等媒体中获取，比如，电视中的"樱前线"会提醒人们各地樱花开放的时间，而年中行事所需的装饰等物品也只能在超市等地购得。在这样的情形下，再像原来那样对待传统的年中行事已经不大可能。

日本传统的年中行事基本来自中国，随后已融合进日本文化之中，形成了现在的传统。而西洋的年中行事作为外来行事，多少还有些不协调，最为融洽的是圣诞节，是继正月以后实施率最高的一个节日。圣诞节、情人节等西洋节日共同的地方是"娱乐"，虽然人们知道这些节日带有商业上的策略，但是，因为这些节日可以有机会和家人沟通交流而受到人们青睐。

随着社会的发展，人们接受新的年中行事的同时，注重传统的意识也越来越强。下面一组数据是排名前几位的正月行事，从中可以看出传统的"吃杂煮""跨年荞麦面"等活动受到人们的重视。

2008 年、2012 年、2014 年的资料来自日本株式会社能率协会综合研究所所做的"年中行事的调查"①。

2008 年	2012 年	2014 年
吃杂煮 86.6%；吃圣诞节蛋糕 74.3%；初次参拜 61.7%	吃杂煮 81.9%；吃跨年荞麦面 74.8%；吃圣诞节蛋糕 62.4%；看红白歌合战 62%；初次参拜 61.2%	吃杂煮 79.8%；吃跨年荞麦面 75.2%；邮寄贺年片 69.4%；吃圣诞节蛋糕 62.4%；初次参拜 61.7%

从下面一组数据中，可以看到年中行事在人们心目中的重视程度，以及对未来留存的年中行事的希望。KCSF 生活者意识报告：现在开始继续存续的年中行事有哪些？下表为 2010—2012 年全国 720 名参与调查者在小学时举行的、现在举行的和希望下一代留下的年中行事排名。②

	小学时举行的	现在举行的	希望下一代留下的
1	贺年片	贺年片	初次参拜
2	圣诞节	圣诞节	盂兰盆节
3	大扫除	初次参拜	节分
4	初次参拜	大扫除	贺年片
5	节分	节分	雏祭（女孩节）
6	盂兰盆节	盂兰盆节	大扫除
7	雏祭（女孩节）	母亲节	彼岸（春分与秋分）
8	儿童节（男孩节、端午节）	情人节	圣诞节
9	母亲节	父亲节	母亲节

---

① 株式会社日本能率協会総合研究所の年中行事調査：2008 年版「年中行事」に関する調査（PDF）、2012 年版「年中行事に関する調査」（PDF）、2012 年版「年中行事」に関する調査（PDF）（调查范围主要是首都圈、大阪、广岛等大都市，以东京为中心，波及全国）。

② KCSF 生活者意識レポート：「これからも続けていきたい年中行事は一体何？」PDF 版 http//www.kcsf.co.jp/index.html。

第五章　再城市化时期的年中行事传承与变迁　157

续表

	小学时举行的	现在举行的	希望下一代留下的
10	彼岸（春分与秋分）	雏祭（女孩节）	七夕
11	父亲节	彼岸（春分与秋分）	父亲节
12	七夕	土用（暑伏期间的丑日）	儿童节（男孩节、端午节）
13	土用（暑伏期间的丑日）	赏花	赏花
14	冬至	白色情人节	敬老日
15	赏月	冬至	赏月
16	赏花	儿童节（男孩节、端午节）	冬至
17	敬老日	敬老日	土用（暑伏期间的丑日）
18	情人节	赏月	情人节
19	白色情人节	七夕	白色情人节
20	愚人节	万圣节	万圣节
21	万圣节	愚人节	愚人节

从这个排名我们可以看出年中行事举行的变动，过去举行的和现在举行的，排在前六位的几乎没有什么变动，贺年片、圣诞节、大扫除、初次参拜、节分、盂兰盆节，前五个行事主要围绕年末年始举行的一些活动，说明正月在日本人心中受重视的程度；盂兰盆节无论是过去还是现在都排在第六位，说明盂兰盆节在日本人心中是仅次于正月的一个节日。小学时举行的排名第七、第八是雏祭（女孩节）和儿童节（男孩节、端午节），说明以儿童为中心的节日在儿童时代是比较受日本人重视的行事，毕竟希求儿童健康成长是任何一个民族最基本的愿望。小学时举行的第九、十、十一、十二分别是母亲节、彼岸（春分与秋分）、父亲节、七夕，说明以家庭为中心的父亲和母亲受到孩子的尊重和重视；春分和秋分是季节转换的节点，包括下面的暑伏和冬至，都体现了对季节节点的重视；七夕是孩子祈求愿望的节日，给孩子愿望的展示平台。接下来是赏月赏花这样的休闲优雅的活动，已经成为日本人从小孩子时代开始培养的情操和美感。后面的几个如万圣节、情人节、愚人节等，都是近些年吸收美国的一些节日，这些节日扎根日本，体现了全球化的影响。

希望下一代传承下来的行事前十位是：初次参拜、盂兰盆节、节分、贺年片、雏祭（女孩节）、大扫除、彼岸（春分与秋分）、圣诞节、母亲节、七夕，圣诞节从第二位降至第八位，前几位基本都是日本传承比较久的传统年中行事，说明人们已经意识到传统的重要性，并开始注重传统，希望传承下去。

当然，传承传统不代表固守传统，日本自古以来的文化吸收与体验，使得日本人在文化的传承中加以创新，或自由选择适合自己的文化要素，愉快地度过每一个特殊的时间。也许，这才是社会变动中传承文化最好的姿态。

小　结

平成时代，日本进入脱工业化时代，城市化率高达90%以上，出现了"逆城市化"和"再城市化"，城乡界限已经越来越模糊。一方面东京传统产业继续分散布局甚至向国外转移，导致劳动力和人口流动发生变化；另一方面新兴产业在东京中心地区集聚，导致再城市化的发生。同时，信息社会和全球化使得产业、资源、人口都相对集中到城市，特别是东京人口高达3000多万，形成一极集中，造成区域发展不均。为了平衡这些矛盾，平成时期实行了"市町村大合并"政策，给地方自治的模式及居民的日常生活都带来了极为重大的影响。

日本自明治维新以来，国家发展战略大体上可以分为三个阶段：军事立国战略阶段（明治维新至第二次世界大战）、经济立国战略阶段（第二次世界大战以后至20世纪80年代）、文化立国战略阶段（20世纪90年代以来）。平成时代，因经济立国阶段"优先发展经济"，使得民众的生活方式急速变化，自古流传的民俗习惯和传统不断消失，再加上日本老龄化和少子化越来越严重，文化传承者出现断代。由此，日本文化厅在1996年7月正式提出了《21世纪文化立国方案》，标志着日本"文化立国"战略的正式确立。根据文化立国的战略方针，日本通过文化艺术振兴政策以及相关法律积极引导年中行事适应时代需要，并宣扬其教育国民的意义，在传承和弘扬传统文化上发挥了更大的作用。

平成26年（2014）国民祝日法修正，国民祝日又增加了"昭和纪念日""绿色日""海之日""山之日"，增加了对河海山川的感谢日，以促进人们的环境保护意识，增加对自然的敬畏和爱护之心。除了国民祝日法法定假日以外，日本民间还存续着一套"年中行事"体系，即可以称之为民间传承骨骼的"正月、五节供、盂兰盆节"等年中行事，民间以这些行事为载体，传承着传统，并应时代和社会的要求，加以创新，使之具有活力。

东京作为日本的首都，文化的发祥地，影响着全国的动向。后工业时代之后的东京再城市化，原来居住在郊外的人，有重新向城市中心聚拢的趋势。此时，信息化发展，城市和郊区在信息和文化共享上已几乎没有差距和距离。人们在共享、消费、娱乐方面，充分享受着年中行事所带来的休闲和乐趣。因而，东京的年中行事的公共性特征更加明显，商业化和消费性特征更加突出。

伴随着高度城市化，人们对节日文化的态度更加宽容。年中行事有传统的因素，也散发着现代化的气息。人们根据自己的需要进行着组装和取舍，既有从众心理，又有个性化的选择。随着时代和社会的变化，伴随着男女平等、个人主义等价值观的变化，以及出生率低下、高龄化等各种要素掺和在一起，家庭关系也发生着很大的变化。从大家庭到核心家庭，城市化中自然环境与住宅的变化，家庭内的传承与季节感的获取都发生了变化。随着城市化进程加速，原来与地缘、家庭密切相关的年中行事变化甚大。

进入新世纪，人们注重传统的意识也越来越强。从 2008 年至 2014 年的调研可知，传统的"吃杂煮""跨年荞麦面"连续位列第一和第二；另一组调查数据列出了过去和现在举行的前六位分别为贺年片、圣诞节、大扫除、初次参拜、节分、盂兰盆节。两组数据表明年末年始最为重要，说明正月在日本人心中排第一位；盂兰盆节则是日本人心中仅次于正月的一个节日。通过调查统计发现希望下一代传承下来的年中行事前十位分别是：初次参拜、盂兰盆节、节分、贺年片、雏祭（女孩节）、大扫除、彼岸（春分与秋分）、圣诞节、母亲节、七夕，前几位基本都是日本传承已久的年中行事，说明人们的意识里仍然注重传统，并希望传承下去。

无论社会如何变动，优秀的传统文化始终是文化的根基，是传承的底脉。或许因为日本意识到这一点，才使得文化能够很好地传承下来，也许正是意识到这一点，才能使文化更好地传承下去。

结　　语

　　本研究以日本东京地区为中心，对日本近代以来城市化进程中年中行事的传承与变迁进行梳理，意在社会动态中关照日本年中行事的承继与变化，理解年中行事在日本民众生活和文化体系中的地位和作用，总结日本年中行事传承的经验与教训，为中国新型城镇化过程中传统节日的传承与保护提供一些参考。在此，日本的年中行事不仅是研究对象，更是一种研究路径：即本研究以日本的年中行事为主要考察对象，主要目的不在于日本的年中行事本身，更重要的是围绕年中行事所展开的政府政策、社会空间变化与传承主体民众的三者互动关联，以此来观察年中行事传承的良性要素。

　　鉴于上述研究思路和已梳理的内容，主要围绕政府政策、社会空间变化与传承主体民众的三者互动关联，对日本近代以来城市化进程中年中行事的传承与变迁进行归纳与总结。

一　政府政策的阶段性变化

　　纵观日本政府在有关年中行事方面实施的政策，以第二次世界大战结束为界限，近代和现代有着非常大的差异。从明治时期至第二次世界大战为止，是以"皇统观念"为核心的祝祭日体系，对民众进行精神和思想控制，最终将民众绑上侵略的战车上，实现了对外扩张的野心；第二次世界大战结束至现在，在新宪法下，以国民为中心的祝日法诞生，基本体现了以祝贺国民的成长或健康为宗旨。

　　明治维新作为日本的近代化转折时期的标志，从一开始确立了废除旧制度、建立新秩序的目标，即废除旧的藩制和建立以天皇崇拜为中心的中央集权制度。明治初期，明治政府一方面积极由上而下推行"文明开化"，加速近代化的进程，促进城市化的发展；另一方面通过加强中央集权制度，以强化皇权统治。明治5年（1872）改历，废止五节供并制定以天皇为中心的祝祭日，其目的是隔断以士族层为中心的幕藩制仪礼和习俗，从而达到"归一于天皇"，并使国民日常生活沿着天皇的统治而制定方向。

大正时期法定祝祭日延续了明治时期以"皇统观念"为中心的祝祭日体系，并在此基础上进一步加强天皇中央集权统治，具体表现在除了举行宫廷仪式以外，主要在中小学教育中强化皇统观念。在课程上设置了祝祭日和国旗的意义等内容，意图通过仪礼和象征来强化皇室崇拜，是通过所谓的修身教科书，将市民道德上升为国民道德，以达到天皇中央集权制统治的目的。

昭和初年祝祭日的公布与实施，基本上延续了明治大正时期的"天皇家典范"的时代特征，以明治天皇诞生日为必须祝贺的"天长节"改为"明治节"，和规定的新尝祭、神尝祭，神武天皇祭等祝祭日一样，都具有浓厚的宫廷祭祀色彩。昭和初年政府公布的节日设置明显延续了明治以来强调以天皇为中心的皇权思想，充分体现了继续以加强天皇中央集权的统治为目的的思路。

明治以来的"皇统思想"在昭和15年（1940）纪念纪元二千六百年的祭典中得以加强。"八纮一宇精神"成了发动大东亚战争（太平洋战争）的思想背景，支撑"大东亚共荣圈"的形成。日本大东亚共荣所显示的"善邻友好"，意味着向中国、亚洲大陆进攻，以确立在亚洲社会的支配权。"八纮"虽指天地，实际具体指世界或者亚洲社会。"一宇"指一个体制即天皇。八纮一宇即指天皇制下实现亚洲统治。大东亚共荣圈实际是实施"八纮一宇"的具体表现。

帝国日本通过国家法定节日体系来强化国家神道信仰和国民天皇崇拜，从明治时期开始对国民进行精神、思想统治，至昭和前期终于将民众绑上侵略战车，拖入战争旋涡。而战争带给东京的记忆从战争之前的狂热，到战争中期战时体制的困窘，到战争后期遭受空袭的惊恐，再到败战之后的废墟重建，短短二十年，历尽沧桑。

第二次世界大战以后，日本制定了日本国宪法（1947）并实施，体现了"国民主权""尊重基本的人权""和平主义"三大特征。1948年，日本公布并实施国民祝日法，继承了已有的祝祭日日期的一部分，哀悼先帝驾崩的祭日、春秋皇灵祭等天皇灵祭日的意识衰退，以祝贺国民的成长或健康为宗旨的日子或纪念日被设定为国民祝日。国民祝日法第一次将节假日的内涵定义为"国民节日"，并重新定义了战后日本的国家庆祝制度的内涵。然而，因其基本保留了明治日本庆祝制度最核心的时间框架，可以说新赋予的内容只是对旧内涵的覆盖，并没有从根本意义上对旧的祝日完全抹消。

如果说国民祝日法为年中行事的传承提供了法律保障，那么昭和后期的新生活运动和文化财保护，在传统节日的传承和保护方面，则推进了市民主体性开发，向有效地推进社会发展等目标迈进。新生活运动从内阁呼吁到新生活运动协会成立和开展，为保持民族良风美俗协调了一切可以协调的力量。日本文化财的保护起步较早，从国家到都道府县以及市町村各级都有立法保护，为传统文化保护和活用制定专门措施。

平成时期，日本确立了面向21世纪的"文化立国"方略。日本意欲建立"文化发信国家"，成为"向世界传播文化的国家"，以扩大日本文化国际影响力，提升日本国家形象。日本通过文化艺术振兴政策以及相关法律积极引导传统年中行事适应时代需要，不断进行改造创新，并宣扬其教育国民的意义，使传统年中行事在传承和弘扬传统文化上发挥了更大的作用。

二　城镇化进程中的社会空间变化

一般而言，明治维新被视为日本近代化开始的标志。从东京一百多年的发展来看，东京的城市化进程是伴随着近代化而展开，也是伴随着明治政府的中央集权制的加强而铺开。

确切而言，江户（东京）近郊城市化始于明治末期至大正年间，即19世纪末至20世纪初。明治维新以后，经过二十多年的发展，日本资本主义获得很大的进步，技术革新、交通发达以及工业化浪潮加速，近代化进程加快。受到明治维新影响最强烈的是城市周边的村落，农家兼职化、农地住宅化、农业经营多样化等，以农业构造变化为基准，东京近郊逐步开始城镇化。明治时期的"文明开化"，不仅加速了近代化的进程，也促进了城市化的发展，大众生活方式发生了很大的改变。

大正时期的关东大震灾重建，东京郊区住宅激增，城市化进程加速。"白天都内通勤，晚上回到郊外的住宅"的"钟摆式"工作、生活方式在这一时期基本定型。东京大震灾复兴使得东京真正开始向大都市成长，文化事业蓬勃发展，报纸和周刊杂志发行量增多，大众文学流行，收音机播放收听人数增多，使得文化迅速得以普及。都市空间扩大，交通发达，电器的使用和普及，信息获取便利以及衣、食、住、行的西洋化，人们的生活方式发生了翻天覆地的变化，以帝都东京为中心的消费社会形成。

昭和前期，被称为世纪大事业的东京市域扩张之后，东京拥有35个区567万平方公尺，成为当时继洛杉矶、柏林、纽约、悉尼之后的第五大城市。东京市域扩大，人口骤增，市民通勤、生活必需的购物、娱乐、访问以及其他不定期的移动，使得东京近郊的铁路也随之发展。昭和前期早期城市化的过程中，恰逢战前和战中，"大东京"的建设与战争几乎同步进行。工薪阶层从郊外向东京市内通勤的"钟摆式"成为基本的生活方式，并出现了早晚高峰。战时体制下，东京人的生活一度依赖于配给，衣食以及日用品匮乏，并随着战争局势恶化，国民的生活陷入难以忍受的困顿。另一方面，上流社会仍然可以享受一家周末从郊外到银座的都市风生活，日本的大众文化也随着城市化的进展，逐渐由模仿欧洲文化向憧憬美国文化发展，时尚、爵士乐、电影等成为东京市民的大众娱乐主要内容。

以1945年8月15日战败投降为界，日本进入昭和后期。战后的东京，满目疮痍，百废待兴。1947年日本开始建设都营住宅以解决东京市民的住宅问题，并不断向郊外农村地区推移，不少山林原野开辟成了大规模的住宅，促使郊外农村地区的城市化迅速推进。团地陆续出现，新的公共空间和住居空间形成，产生了"新的庶民——团地族"，其生活样式也发生着很大的变化。同时，电器的逐步普及，使得女性从家庭工作中解放出来，新的家庭关系也使得人们的意识发生变化，日本进入了"核家庭"时代，并在昭和30年代（1955）以后迅速普及，女性意识增强，显示出了恋爱自由、夫妻人格相互尊重、男女平等等时代特点。

日本经济高速增长，东京城市化进展，距离首都圈50公里范围内每天能够通勤至都内的地域人口集中，造成人口过密。与过密化相对，过疏化的地域也不断增加。东京既是消费城市，又是生产城市，成为"向都离村"的"上京就职"的首选地。"上京就职"这些人向新兴工业团地的公房及郊外的廉租房迁移，为东京郊外地区的城市化发展起到了重要的作用。

　　昭和后期日本经历了战后复苏、高速增长、过渡与稳步增长时期，短短的30年一跃成为世界第二大经济大国，同时，其城市化的速度也快速推进，在亚洲率先实现了国家城市化。城市化的发展促使大众消费社会形成，并向更高的方向发展，从而引发衣、食、住、行等生活样式的改变。东京的城市化发展以及大众生活样式的改变引导整个日本发生变动。

　　平成时代，日本进入脱工业化时代，城市化率高达90%以上，出现了"逆城市化"和"再城市化"，城乡界限已经越来越模糊。随着信息化技术的进步，平成时期进入信息化时代。同时，信息社会和全球化使得产业、资源、人口都相对集中到城市，特别是东京人口高达3000多万，形成一极集中，产成区域发展不均等问题。信息化社会，给人们带来便捷、自由、个性化选择的生活方式。同时，也引发诸多的社会问题，如晚婚率、不婚率的上升，老龄化、少子化问题严重，"啃老"和"草食系男子"出现，"援助交际""少年犯罪"等与少男少女相关的不良现象出现，等等。高度城市化引发的系列问题将是全世界正在或即将应对的课题。

　　东京近代以来的城市化进程中，社会空间不断地发生着变化，人们顺应着时代的变化，不断地调适着与其适应的文化接受状态，有对传统的继承，也有文化的创新。

三　传承主体民众的态度和呼应

　　1872年，明治政府改历，废除五节供，设置以"皇统观念"为核心的祝祭日。帝国日本意图通过国家法定节日体系来强化国家神道信仰和国民天皇崇拜，对国民进行精神和思想统治。然而，明治政府关于祝祭日的规定，除了学校和政府部门以外，直到明治末期为止，都没有在国民的日常生活中固定下来。新历和旧历并行记载，经过大正时代，直到昭和30年（1955）前后旧历依然存在。

民众对明治祝祭日规定的"抵抗"，除了旧历使用以外，还表现在传统年中行事的传承上。正月、五节供、盂兰盆节等节日传承已久，与日本的祖先崇拜和田神祭祀基层文化背景相融合，与四季变化和稻作周期相吻合，早已成为民众生活律动基准。加之新历和季节错位，使得民众面临二选一的艰难选择：要么按照原来的时间进行，抵抗明治政府改历；要么改变节日的内容，改变传承已久的传统。对于民众而言，改变传承已久的年中行事，在生活中无法植入完全异质的天皇崇拜，最终体现出了对明治政府规定的祝祭日的不顺从。虽然，城市近郊城市化，受到明治时期的"文明开化"的浸润，在年中行事的承继上，新旧混杂，具有一定的包容性、开放性。然而，对于传统的年中行事，仍然表现出了顽强的传承性。

明治中后期，东京郊区一些节日活动还在旧历过，但已经开始接受新历。一些节日做出了调适，如盂兰盆节日期比市内推迟一个月，在八月举行，城郊与农村依然延续传统，而市内逐渐由敬祖先向娱乐化演变。民众的生活仍然没有接受以天皇为中心的祝祭日体系，人们在保持传统的基础上适当创新，主要遵循日常生活的变化，特别是城市化的进程加速，待人接物的方式也发生了很大的改变。如元旦拜访问候，开始于明治32年（1899）在东京实行贺年卡邮政制度，这种极为现代性的改变在明治39年（1906）普及全国，并传承至今。

大正时期，东京大震灾的复兴推进了近代化发展，"大东京"向着近代化极速推进，逐渐成为自由开放的首都。国家性质的祝祭日、自古流传的五节供、二十四节气等构成了大正时期丰富多彩的节日文化。从大正时期的年中行事来看，宫中（官方）、民众、学校三个群体的内容有很大的差异。宫中的年中行事以天皇为中心，学校除了学业相关的行事以外，还要举行以天皇为中心的祝祭日，以强化皇统观念，而民众依然延续传承已久的年中行事。曾经被明治政府布告废除的五节供在大正时期都得以恢复，充分说明传统节日旺盛的生命力，即便一时失去官方的祝祭日的性质，仍然会在民间持久流传，或者复活。

昭和前期，东京一方面朝着"大东京"迈进，意欲成为整个亚洲的"中心"，另一方面，又逐渐陷入战争的旋涡而无法自拔。在年中行事方面，昭和前期的祝祭日体系，延续并加强了明治以来"皇统"思想。从东京西部郊区记载的正月、五节供、盂兰盆等年中行事来看，与宗教信仰、生产关系（农耕方面）、人生仪礼（预防疾病、孩子成长等）有关，保留着江户以来的传统。然而，1937年的东京年中行事记载中"皇统"观念的祝祭日基本都出现了，也显示出了集体公共活动的特征，从民众团体参加情况来看，可知这一时期"皇统"思想的加强和民众的接受程度。帝国日本从明治时期开始，通过国家法定节日体系来强化国家神道信仰和国民天皇崇拜，对国民进行精神、思想统治，至昭和前期终于将民众绑上侵略战车。

第二次世界大战以后，"国民祝日法"（1948）公布与实施。体现了"以国民为核心，培育美好风俗习惯、构筑更加美好的社会、实现更丰富的生活"的意愿。当然，对于传统的年中行事，民众也并不会因为没有被列入法定节日而完全否定。事实上，从明治时期到现在为止，日本人对年中行事的认知，一直是将国家法定祝日体系与年中行事分为两个范畴来理解的，虽然二者之间有时会有重合。这样，无论政策如何改变，社会空间发生怎样变化，民间年中行事自有一套体系，传承着传统，并适应时代和社会的要求加以创新，使之具有活力。

东京作为日本的首都，文化的发祥地，影响着全国的动向。东京的年中行事更加显示了明显的公共性特征，突出的商业化和消费性特征。伴随着高度城市化，人们对节日文化的态度更加宽容，在共享、消费、娱乐方面，充分享受着年中行事所带来的休闲和乐趣。同时，注重传统的意识也越来越强。调查显示，希望下一代留下来的年中行事前十位是：初次参拜、盂兰盆节、节分、贺年片、雏祭（女孩节）、大扫除、彼岸（春分与秋分）、圣诞节、母亲节、七夕，基本都是传承已久的年中行事，说明人们的意识里开始注重传统，并希望传承下去。

从近代以来的年中行事变迁来看，始终存在着官方与民间的"较量"。第二次世界大战前民间从"抵触"到逐渐接受官方的祝祭日体系，最终民众的精神与思想被统治愚弄，卷入战争。第二次世界大战以后，"国民祝日法"第一次以"国民"为中心建立起良风美俗和美好社会与生活的目标。通过梳理分析，发现无论民众处在暗黑的统治或困顿的战时体制下，还是处在较为和平的公序良俗之下，构成日本民间传承的基本骨骼的正月、五节供、盂兰盆等传统年中行事未曾断绝，至今仍然在各地传承着。

四　三者的互动

日本近代以来围绕年中行事所展开的政府政策、社会空间变化与传承主体民众的三者的互动，主要体现在以下几个方面。

1. 民众对文明开化的调适，对皇统观念的抵触

明治维新是日本近代化开始的标志，早期城市化随着近代化而展开。城市化与文明开化引发都市空间、文化空间和社会空间变化。民众受到文明开化的浸润，享受着都市文明，以东京为中心形成大众消费文化与社会。另外，面对明治初年改历和"皇统观念"的祝祭日，民众并没有顺从，而是自有民间传承的年中行事体系，正月、五节供、盂兰盆等节日构成民间传承的骨骼。

2. 民众的精神和思想被操控，进入战时体制

昭和前期，日本正值战前和战中。东京市域不断扩充，城市化发展加速，在走向"大东京"的过程中，战争态势也在进一步扩大。明治末年开始在学校设置年中行事等皇统观念的教育，至昭和初期见到成效，"皇统"观念的祝祭日在这一时期出现在民众团体的祝贺之中，说明这个时期"皇统"思想的加强和民众的接受。由于城市化进程加速，东京郊区被开发，民众享受着城市文明带来的出行娱乐。同时，又被卷入战争，不得不成为战争的牺牲品。

3. 接受法定假日，又自承民间年中行事体系

第二次世界大战以后，日本新宪法制定，国民祝日法公布并实施。国民祝日法第一次将节假日的内涵定义为"国民节日"，虽然重新定义了战后日本的国家庆祝制度的内涵，却基本保留了明治日本庆祝制度最核心的时间框架。大战后日本经历了经济复苏、高速增长，在城市化的高速发展中，城市空间、文化空间与社会空间都发生了变化。东京作为现代化的大都市，具有多元文化的特点，是多样化的文化吸收和发信之地，随着媒体平台这种快捷的方式，向全国甚至全世界发信，节日文化的任何变化也会随之传播。民众在享受着国家法定假日的休闲，享受着城市化带来的现代化便捷生活的同时，又自觉传承着民间自有传统年中行事

体系。新生活运动和文化财政策，从国家到社会，再到个人，合力固守着民族传统。同时，民众又会应时代和社会发展的要求，以能动性、积极性和灵活性理解和传承着文化，创新着文化。

4. 文化选择具有多样性与自由性，传统的重视与走向

昭和后期，日本进入后工业时代，出现再城市化和逆城市化现象。进入平成时期，日本进入脱工业化时代，城市化呈现了新的特征。信息化与全球化时代，人们的选择具有多样化和自由性，伴随着高度城市化，人们对节日文化的态度更加宽容。在日本"文化立国"的战略方针指引下，日本的文化产业形成了完备和成熟的文化市场体系和网络，在传统文化继承和创新方面发挥着重要作用。随着社会的发展，人们接受新的年中行事的同时，注重传统的意识也越来越强。传统的年中行事仍然作为民间传承的骨骼，作为日本文化的根基，传承的底脉，能够很好地传续下去。

五　他山之石

围绕东京地区日本近代以来城市化进程中的年中行事传承与变迁，观察政府政策、社会空间变化和传承主体民众三者的关联，发现三者良性互动，才能让传统年中行事更好地传承下去。

传统文化的保护与传承，政府制定政策如果与民众的利益保持一致，无论社会空间如何变化，民众都会随之调适，在传统上加以创新，使之更好地传承下去；政府要建立长效机制，立法先行，采取切实有效的措施，着力解决好民众在文化传承中出现的问题，传统才不会断裂；大到国家，小到基层社区自治组织，合力营造和谐的社会空间氛围，民众自然会将良风美俗传递下去；国家、社会以及个人齐心协力建立起科学有序的传统文化传承制度，重视传统文化基础教育，形成培养传承人体系，以文化产业带动传统文化保护与利用，才能激活传统文化的生命密码。

城镇化日益加剧的今天，如何看待传统？日本民众在当代年中行事传承中作出的选择给我们提供了很好的答案。更注重传统，回归传统，是当代传承呈现的基本趋势与走向。纵观世界，任何一个优秀的民族，一个优秀的国家，无不重视本民族本国的传统节日。传统节日不是"过去时"，更不该当作"不合时宜"来对待。它的形成，是一个民族或国家

历史文化长期积淀凝聚的过程；它的记录，是一个民族或国家民众的共同记忆；它的传承，是民众适时适地选择的结果。民众是传统节日的传承主体，政府政策的制定不能与民众本意相背离，顺应民众的选择，是对传统节日最好的保护，更是对民众最大限度的尊重。

明治维新至第二次世界大战期间，城市化发展初期，日本以皇统观念为核心制定与实施的祝祭日体系，为我们提供了教训，背离社会发展，违背民众意愿的政策不可重演。第二次世界大战后城市化高速发展中，日本政府积极应对，顺应社会需要，确立以国民为核心的祝日体系，并实施文化立国的方略，值得我们借鉴。这是日本近代以来城市化进程下，年中行事的传承与变迁在社会动态观照中带给我们的启示。

主要参考文献

中文参考文献

1. 著书

毕雪飞：《日本七夕传说研究》，中国社会科学出版社2013年版。

杨广平：《日本文化立国的制度体系建设》，《经济法研究》第13卷（张守文主编），北京大学出版社2014年版。

2. 期刊论文

蓝庆新、张秋阳：《日本城镇化发展经验对我国的启示》，《城市》2013年第8期。

马兴国：《日本民俗学研究概况》，《日本学刊》2001年第2期。

马约生：《日本早期城市化及其社会影响》，《日本研究》2003年第2期。

徐嘉：《日本城镇化经验教训对吉林省城镇化建设的启示》，《国际经济》2013年第11期。

虞震：《日本东京"多中心"城市发展模式的形成、特点与趋势》，《地域研究与开发》2007年第5期。

俞慰刚、秦建刚：《日本社会城市化的历史轨迹——以战后东京城市发展过程中的城乡社会互动为中心》，《华东理工大学学报》（社会科学版）2009年第1期。

艾菁：《日本法定节假日的变迁》，《日本研究》2013年第1期。

何彬：《从海外角度看传统节日与民族文化认同》，《文化遗产》2008年第1期。

毕雪飞：《七夕文化在日本的传承与发展》，《日本学刊》2007年第4期。

邵思逸、邓影青、徐晶晶、张剑清、毕雪飞：《大学生对非物质文化遗产认识及其保护与传承途径》，《沈阳农业大学学报》（社会科学版）2014年第16卷第5期。

都寿义、王家庭、张换兆：《日本工业化、城市化与农地制度演进的历史考察》，《日本学刊》2007年第1期。

李常庆、魏本貌：《日本动漫产业探析》，《出版科学》2010年第4期。

欧阳安：《日本文化政策解读（上）》，《中国文化报》2012年7月27日。

欧阳安：《环球聚焦：多方位全面解读日本文化政策（下）》，《中国文化报》2012年7月30日。

安宇、沈山：《日本和韩国的"文化立国"战略及其对我国的借鉴》，《世界经济与政治论坛》2005年第4期。

邢梓琳：《日本政府为节日文化保驾护航》，《学习时报》2015年2月9日。

毕雪飞：《七夕乞巧在日本的历史变迁与现代讲述》，《江西农业大学学报》（社会科学版）第12卷第3期，2013年9月。

菅丰：《日本节日文化的现代形态——以日本都市的元旦文化改编为题材》，《温州大学学报》（社会科学版）第25卷第4期，2012年7月。

3. 硕博士论文

孙士祺：《日本城市化经验及其对浙江省的启示》，浙江工商大学，硕士学位论文，2013年。

陈路：《日本明治时期城市化剖析》，苏州大学，硕士学位论文，2011年。

郭海红：《继承下的创新——70年代以来日本民俗学热点研究》，山东大学，博士学位论文，2008年。

日文参考文献

1. 著书

井之口章次：『民俗学の方法』、岩崎美術社、1970年4月。

奥井復太郎：『現代大都市論』、有斐閣、1940年9月。

磯村英一：『都市社会学』、有斐閣、1953年4月。

磯村英一：『都市社会学研究』、有斐閣、1959年2月。

木内信蔵：『都市地理学研究』、古今書院、1951年5月。

芝村篤樹：『日本近代都市の成立』、松籟社、1998年12月。

柴田徳衞：『現代都市論』、東京大学出版会、1967年11月。
宮本憲一：『日本の都市問題』、筑摩書房、1969年4月。
小路田泰直：『日本近代都市史研究序説』、柏書房、1991年1月。
芝村篤樹：『都市の近代・大阪の20世紀』、思文閣出版、1999年9月。
福田アジオ：『日本の民俗学——野の学問の二百年』、吉川弘文館、2009年10月。
室井康成：『柳田国男の民俗学構想』、森話社、2010年3月。
宮田登：『都市の民俗学』、吉川弘文館、2006年10月。
柳田国男：『都市と農村』、朝日新聞社、1929年3月。
宮田登：『現代民俗論の課題』、未来社、1986年11月。
岩本通弥：『都市の暮らしの民俗学』、吉川弘文館、2006年10月。
森川洋：『日本の都市化と都市システム』、大明堂発行、1998年1月。
東京都旧区史叢刊：『本郷区史』、臨川書店刊、1937年2月。
藤野敦：『東京都の誕生』、吉川弘文館、2002年2月。
奥田晴樹：『日本近代史概説』、弘文堂、2003年12月。
湯沢雍彦：『大正期の家庭生活』、クレス出版、2008年8月。
季武嘉也：『大正社會と改造の潮流』、吉川弘文館、2004年5月。
田中宣一：『年中行事の研究』、桜楓社、1992年7月。
細川潤次郎：『明治年中行事』、西川忠亮出版、1904年。
東京都百年史編集委員会：『東京百年史』（明治前期）第二巻：首都東京の成立、東京都出版、1972年3月。
東京都百年史編集委員会『東京百年史』（明治後期）第三巻：「東京人」の形成、東京都出版、1972年3月。
東京都百年史編集委員会：『東京百年史』（大正期）第四巻：大都市への成長、東京都出版、1972年3月。
石塚裕道、成田龍一：『東京都の百年』（県民の百年史13）、山川出版社、1986年10月。
東京都百年史編集委員会：『東京百年史』第五巻：復興から破壊への東京（昭和期戦前）、東京都出版、1972年11月。
読売新聞昭和時代プロジェクト『昭和時代』（戦前・戦中期）、中央公論新社、2012年7月。

主要参考文献

東京市施案内所編集:『東京の四季:年中行事と近郊の行楽地』、東京市出版、1937年。

柳田国男:『年中行事覺書』、修道社、1955年10月。

東京百年史編集委員会:『東京百年史』第六巻:東京の新生と発展(昭和期戦後)、東京都、1972年11月。

読売新聞昭和時代プロジェクト『昭和時代』(戦後転換期)、中央公論新社、2012年7月。

読売新聞昭和時代プロジェクト『昭和時代』(三十年代)、中央公論新社、2012年7月。

小熊英:『平成史』、河出ブックス、2014年2月。

船橋洋一:『検証日本の「失われた20年」:日本はなぜ停滞から抜け出せなかったのか』、東洋経済新報社、2015年6月。

日本文部科学白書『第2部/文教・科学技術施策の動向と展開』、『文化芸術立国の実現』、2013年。

井上忠司:『現代家庭の年中行事』、講談社現代新書、1993年12月。

東京都編:『日清戦争と東京』(都史資料集成第1巻)、東京都公文書館、1998年3月。

東京都編:『東京市役所の誕生』(都史資料集成第2巻)、東京都公文書館、2000年3月。

東京都編:『東京市街鉄道』(都史資料集成第3巻)、東京都公文書館、2001年3月。

東京都編:『膨張する東京市』(都史資料集成第4巻)、東京都公文書館、2004年3月。

東京都編:『ムラからマチへ:都市化の諸相』(都史資料集成第5巻)、東京都公文書館、2007年3月。

東京都編:『関東大震災と救護活動』(都史資料集成第6巻)、東京都公文書館、2005年7月。

東京都編:『震災復興期の東京』(都史資料集成第7巻)、東京都公文書館、2008年3月。

東京都編:『大東京市の課題と現実』(都史資料集成第8巻)、東京都公文書館、2009年3月。

東京都編：『大東京市三十五区の成立』（都史資料集成第9巻）、東京都公文書館、2010年3月。

東京都編：『非常時へ・動員される東京』（都史資料集成第10巻）、東京都公文書館、2011年2月。

東京都編：『ぜいたくは敵だ・戦時経済統制下の東京』（都史資料集成第11巻）、東京都公文書館、2012年3月。

東京都編：『東京都防衛局の二九二〇日』（都史資料集成第12巻）、東京都公文書館、2012年3月。

松山恵：『江戸・東京の都市史：近代移行期の都市・建築・社会』、東京大学出版会、2014年3月。

森銑三：『明治東京逸聞史』、平凡社、1969年3月。

小木新造：『東京庶民生活史研究』、日本放送出版協会、1979年11月。

小木新造：『江戸東京学への招待』、日本放送出版協会、1995年11月。

上山和雄：『歴史のなかの渋谷：渋谷から江戸・東京へ』、雄山閣、2011年3月。

関東大震災90周年記念行事実行委員会：『関東大震災記憶の継承』、日本経済評論社、2014年10月。

後藤新平研究会：『震災復興　後藤新平の120日』、藤原書店、2011年7月。

江口圭一：『十五年戦争小史』、青木書店、1991年5月。

粟屋憲太郎：『十五年戦争期の政治と社会』、大月書店、1995年1月。

伊藤隆：『昭和史をさぐる』、吉川弘文館、2014年1月。

半藤一利：『昭和史』、平凡社、2009年6月。

成田龍一：『近代都市空間の文化経験』、岩波書店、2003年3月。

西川長夫、渡辺公三：『世紀転換期の国際秩序と国民文化の形成』、柏書房、1999年2月。

伊藤隆：『日本近代史の再構築』、山川出版社、1993年4月。

中野隆生：『都市空間の社会史』、山川出版社、2004年5月。

正村公宏：『日本の近代と現代：歴史をどう読むか』、NTT出版、2010年8月。

田中彰：『明治維新』（近代日本の軌跡第1巻）、吉川弘文館、1994年

4月。

江村栄一：『自由民権と明治憲法』（近代日本の軌跡第2巻）、1995年5月。

井口和起：『日清・日露戦争』（近代日本の軌跡第3巻）、1994年10月。

金原左門：『大正デモクラシー』（近代日本の軌跡第4巻）、1994年8月。

由井正臣：『太平洋戦争』（近代日本の軌跡第5巻）、1995年1月。

中村政則：『占領と戦後改革』（近代日本の軌跡第6巻）、1994年2月。

鈴木正幸：『近代の天皇』（近代日本の軌跡第7巻）、1993年10月。

高村直助：『産業革命』（近代日本の軌跡第8巻）、1994年6月。

成田龍一：『都市と民衆』（近代日本の軌跡第9巻）、1993年12月。

浅田喬二：『「帝国」日本とアジア』（近代日本の軌跡第10巻）、吉川弘文館、1994年12月。

大日方純夫：『日本近現代史を読む』、新日本出版社、2010年1月。

2. 期刊论文

千葉徳爾：「都市内部の送葬習俗」、『人類科学』23号、1971年。

倉石忠彦：「団地とアパートの民俗」、『信濃』25巻8号、1973年。

倉石忠彦：「都市民俗学の展望」、『比較民俗学会報』1-6、1980年。

倉石忠彦：「都市と民俗学」、『信濃』25巻8号、1973年。

高桑守史：「都市民俗学」、『日本民俗学』124号、1979年。

宮山博夫：「金沢における団地アパートの民俗」、『都市と民俗研究』3号、1997年。

岩本通弥：「都市における民衆生活史序説」、『史誌』8号、1977年。

岩本通弥：「都市民俗の具体相」、『風俗』62号、1983年。

岩本通弥：「都市民俗の予備考察」、『民俗学の評論』16号、1987年。

有泉貞夫：「明治国家と祝祭日」、『歴史学研究』341、1968年10号。

『サラリーマン』2巻11号、サラリーマン社、1929年。

「五日市の年中行事 その1──大正末期～昭和初期──」、『郷土館だより』第30号、1990年8月15日。

「五日市の年中行事 その2──大正末期～昭和初期──」、『郷土館だより』第 31 号、1990 年 10 月 25 日。

「市町村合併をめぐる状況等について」、『都側資料』、総務省 HP。

宇の木建大：「戦後日本の「近代化」と新生活運動」、『政策科学』19－4、2012 年。

3. 日本网页资料

国指定重要文化財データペース http：//kunishitei. bunka. go. jp/bsys/index_ pc. asp

東京都指定、選択無形民俗文化財リスト http：//www. nponia. com/page13 – tokyo. htm

日本内阁府网页「国民节日」http：//www8. cao. go. jp/chosei/shukujitsu/gaiyou. html

『少年犯罪は急増しているか』平成 19 年度版（2007 年）http：//kogoroy. tripod. com/hanzai – h19. html

日本の市町村の廃置分合：ウィキペディア・フリ百科事典、https：//ja. wikipedia. org/wiki/日本の市町村の廃置分合

日本法務省网页 http：//www. moj. go. jp/nyuukokukanri/kouhou/press_030530 – 1_ 030530 – 1. html

日本政府の外国人政策 http：//www. kisc. meiji. ac. jp/ ~ yamawaki/vision/policies. htm

文化立国：《第 2 章 文化芸術をとりまく現状と課題》（PDF 版），http：//www. city. izumiotsu. lg. jp/ikkrwebBrowse/material/files/group/30/04_ chapter2. pdf#search = % E6% 96% 87% E5% 8C% 96% E8% 8A% B8% E8% A1% 93% E7% AB% 8B% E5% 9B% BD + % E5% B9% B4% E4% B8% AD% E8% A1% 8C% E4% BA% 8B´

日本内阁府网页 http：//www8. cao. go. jp/chosei/shukujitsu/gaiyou. html

国民の祝日、ウィキペディアフリー百科事典 https：//ja. wikipedia. org/wiki/国民の祝日

日本の行事・暦—年中行事・節句 http：//koyomigyouji. com/nenchugyou-ji. htm

Suntory 次世代研究所的调研资料：年中行事に関する調査 http：//www. suntory. co. jp/culture – sports/jisedai/active/event/

株式会社日本能率協会総合研究所の年中行事調査：2008年版「年中行事」に関する調査（PDF）、2012年版「年中行事に関する調査」（PDF）、2012年版「年中行事」に関する調査（PDF）http：//www.jmar.co.jp/MDB/

KCSF生活者意識レポート：「これからも続けていきたい年中行事は一体何?」（PDF）http//www.kcsf.co.jp/index.html

后　记

本书是在我的博士后研究报告《日本近代以来城市化进程中的年中行事传承与变迁——以东京地区为中心》基础上修改而成。

博士后是学术研究的延伸，也是另一段研究道路的开始。从硕士到博士，我一直以节日研究作为研究重点，关注中国传统节日在日本的传承，对七夕及其传说的文献与学术史进行了细致的梳理。2011年10月开始在嘉兴调研端午节时，我对城镇化中的节日传承有了一些思考，于是，我将目光再一次投向日本。日本城市化早已完成，进入再城市化阶段，日本城市化进程中，国家政策有哪些变化，社会空间的变化情况如何，民众的传承状态怎样，在这三者互动中，节日传承是怎样变迁的，等等，诸多问题随之而来。于是，我决定以日本近代化以来的城市化进程中传统节日的传承与变迁为研究对象，以东京地区为研究范围，以正月、五节供、盂兰盆节等传统节日为研究题材，以国家政策、社会空间变化和传承主体民众为研究主体，试图对这些问题进行思索与探讨。

此次研究之所以选择东京作为主要文献与田野调研地区，是因为东京由近代江户城发展到现在国际大都市，经历了日本城市发展的各个阶段，是日本城市化发展最具有代表性的地区。于我个人而言，东京又是我留学、工作过的地方。从2000年6月1日初到东京，至今已有七、八个年头在这里。

我喜欢东京。有时拐过高楼大厦，可以看见一处神社；有时在人家旁，安静地排列着陵园；有时人家竖立的鲤鱼旗迎风招展；有时迎面走过来一群穿着和服的姑娘去参加成人节；有时三三两两的浴衣姑娘花朵一样地从身边走过，她们去看"花火"；我喜欢参加日本的"祭"，欣赏日本人严谨的另一面，认真狂热；我喜欢摆放在门口的门松；喜欢日本全民总动员的"花见"……东京就是这样，或许日本就是这样，世俗与神圣紧密相连，生与死安然一处，传统与现代并存，日常与非日常自然而然。

当然，感性的认识与理性的思索毕竟不同。当我真正选择东京作为研究区域的时候，那些熟悉的街道，熟悉的大学，熟悉的人们，熟悉的樱花……似乎又逐渐模糊起来。我没有史学学科背景，完成这个论题要熟知近代史；我不具备城市化的相关知识，需要重新学习；一开始我无法全方位地把握日本近代以来政治、经济、社会等方方面面的变化……有些枯燥的阅读，有时心中难免闪过放弃的念头。但中途放弃，从来不是我的性格。于是，在阅读疲惫的时候，我常常拿起相机，在东京周边做田野，无论节日，还是神社、寺庙，亦或街道，出去转转，还是有些收获。最终，研究报告草成，而我的硬盘里也留存了做调研时拍摄的大量影像资料。

对于此次选题，我意欲在研究中表达：日本近代史变动，城市化进程，年中行事变迁。对于这三个方面，行文中我以政府政策、社会空间变化与民众的态度这三者的互动来进行不刻意地描述，或者说，前三者和后三者是你中有我，我中有你的关系。而这些都被统合在一个舞台之上：东京。现在，不管研究成果如何，好在我已将这样的问题意识提出，唯待方家批评指正。

人生充满了很多机缘与巧合，我博士在山东大学毕业，期间公派到东京大学做博士论文；博士后工作又进入山东大学，期间获得国家访问学者的资格来东京大学进行访问研究。无论在山东大学，还是东京大学，我得到了众多师友的帮助、关怀、鼓励与支持，特别是我的博士后合作导师肖霞教授和访学合作导师横手裕教授给了我非常宽松、自由与舒适的研究条件和环境，对此，深表感谢。

书稿的完成，还要感谢我的家人，对我博士后工作的支持和理解。特别是感谢我的父母，对我身心的关爱，对我研究的期待。千里之行，异国他乡，每次通话，都能从父母那里获得满满的爱，让我再次鼓起勇气，前行。

本书能够出版得益于2013年9月获得中国博士后科学基金资助（项

目编号：2013M541893）。同时，本书能够得以顺利出版，幸亏得到中国社会科学出版社吴丽平女士的工作支持，她谦和认真，仔细排版校对，在此深表诚挚的谢意。

毕雪飞

2016 年 1 月　写于东京大学